바로
바로
초등 2
필수
한자

초등 2
필수 한자

저 자 FL4U컨텐츠
발행인 고본화
발 행 반석북스
교재공급처 반석출판사
2024년 1월 10일 초판 1쇄 인쇄
2024년 1월 15일 초판 1쇄 발행
홈페이지 www.bansok.co.kr
이메일 bansok@bansok.co.kr
블로그 blog.naver.com/bansokbooks

07547 서울시 강서구 양천로 583. B동 1007호
(서울시 강서구 염창동 240-21번지 우림블루나인 비즈니스센터 B동 1007호)
대표전화 02) 2093-3399 **팩 스** 02) 2093-3393
출 판 부 02) 2093-3395 **영업부** 02) 2093-3396
등록번호 제315-2008-000033호

Copyright ⓒ FL4U컨텐츠

ISBN 978-89-7172-980-9 (63700)

바로바로

초등 2

필수

한자

반석북스

최근 사회가 디지털화 되어 감에 따라 학생들의 독서량이 줄어들고 있습니다. 독서량이 줄어드니 자연스럽게 학생들의 어휘력이 떨어지면서 기본적인 단어의 뜻을 모르거나 글을 읽고 의미를 파악하는 문해력이 떨어지면서 문제를 읽어도 이해하지 못하는 등의 문제가 생기게 됩니다.

이렇게 어휘력과 문해력이 떨어지는 현상은 학생들의 한자어에 대한 이해와도 관련이 있다고 할 수 있습니다. 한자어는 우리말의 약 70%를 차지하고 있으며 실제로 일상에서 자주 사용하는 단어들 대부분이 한자어인 경우가 많습니다. 한자어는 둘 이상의 한자를 조합한 단어이기 때문에 한자를 공부하면 그에 따른 많은 어휘를 배울 수 있고 처음 보는 어휘라도 한자를 통해 그 의미를 유추할 수 있습니다. 하지만 한자어를 구성하는 한자를 알지 못하면 해석에 한계가 생기게 되고 문해력도 떨어질 수 밖에 없게 됩니다. 그렇기 때문에 어렸을 때 한자를 학습하는 것은 아이들의 어휘력 향상과 학습에 많은 도움을 줄 수 있습니다.

이 책은 학년별로 익혀야 할 단어를 선별하여 단어의 뜻과 단어를 구성하는 한자를 함께 학습할 수 있도록 하였습니다. 또한 각 한자가 쓰이는 다른 예시 단어들을 추가하여 한자의 다양한 쓰임을 배우고 예문을 통해 단어가 문장에서 어떻게 쓰이는지 익힐 수 있도록 하여 어휘력과 문해력을 향상시킬 수 있도록 하였습니다.

이 책을 통해 한자를 처음 배우는 어린이나 입문자분들이 한자에 흥미를 가지고 한자를 쉽게 배울 수 있으면 좋겠습니다. 이 책이 한자를 학습하는 모든 분들께 도움이 되기를 바랍니다.

FL4U컨텐츠

목차

단어를 통한 한자 학습

평소에 자주 쓰는 단어의 뜻과 단어를 구성하는 한자를 익힐 수 있어 한자를 효과적으로 학습할 수 있습니다.
두 개의 한자로 이루어진 단어 60개를 수록하여 총 120개의 한자를 학습할 수 있습니다.

따라쓰기

획순과 부수를 참고하여 한자를 직접 따라 쓰면서 한자를 익힐 수 있도록 하였습니다.

어휘력

단원별 단어를 구성하는 한자가 쓰이는 다른 예시 단어를 각각 두 개씩 수록하여 다양한 단어를 배울 수 있어 어휘력을 향상시킬 수 있습니다.

문해력

학습한 단어가 문장에서 어떻게 쓰이는지 예문을 통해 배울 수 있어 문해력을 향상시킬 수 있습니다.

따라쓰고 문제 풀면서 배운 한자 복습

10개의 단원이 끝날 때마다 〈따라 쓰면서 복습〉, 〈문제 풀면서 복습〉, 〈마무리 퀴즈〉를 수록하여 앞에서 배운 한자를 복습할 수 있도록 하였습니다.

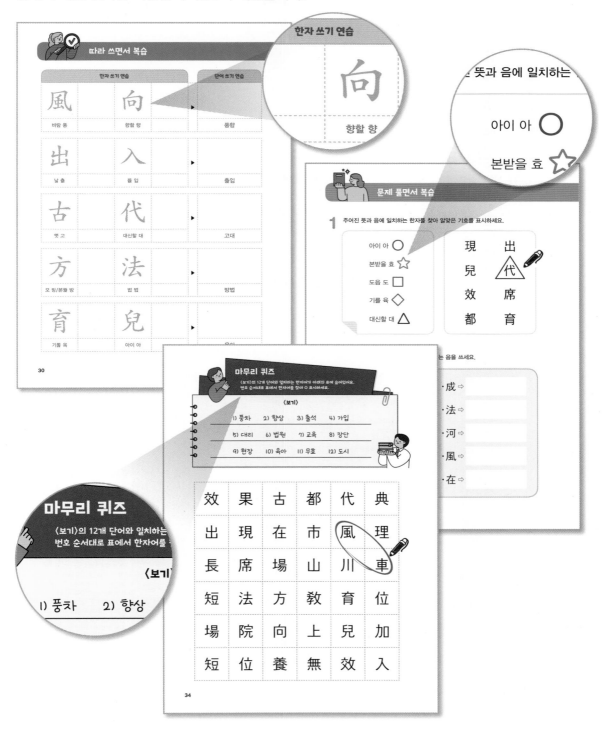

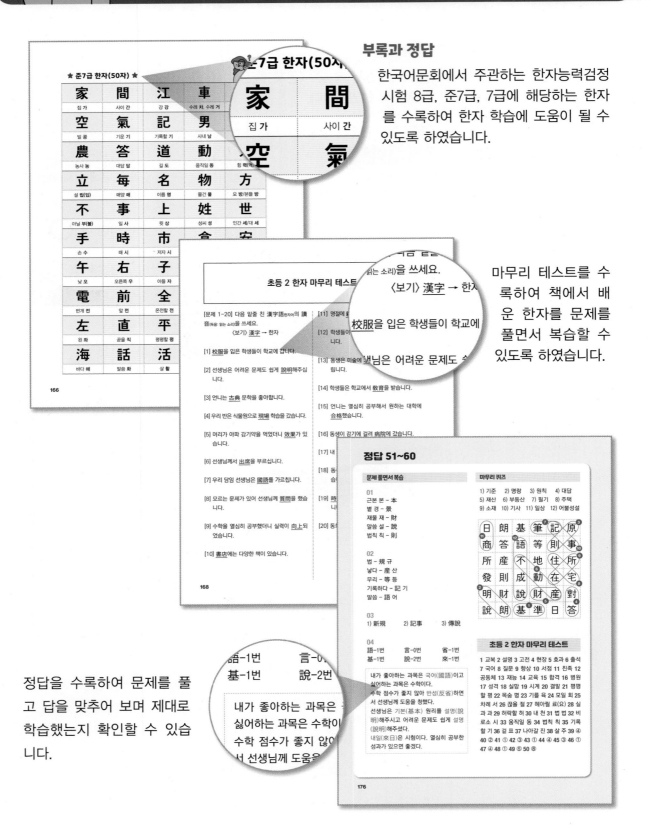

부록과 정답

한국어문회에서 주관하는 한자능력검정 시험 8급, 준7급, 7급에 해당하는 한자를 수록하여 한자 학습에 도움이 될 수 있도록 하였습니다.

마무리 테스트를 수록하여 책에서 배운 한자를 문제를 풀면서 복습할 수 있도록 하였습니다.

정답을 수록하여 문제를 풀고 답을 맞추어 보며 제대로 학습했는지 확인할 수 있습니다.

01~10

이번 장에서 배울 내용입니다.
한자의 뜻과 음을 보고
단어의 의미를 유추해보세요.

向 風
향할 **향**　바람 **풍**

代 古
대신할 **대**　옛 **고**

兒 育
아이 **아**　기를 **육**

在 現
있을 **재**　나타날 **현**

效 無
본받을 **효**　없을 **무**

入 出
들 **입**　날 **출**

法 方
법 **법**　모 **방**/본뜰 **방**

長 成
길 **장**/
어른 **장**　이룰 **성**

川 河
내 **천**　물 **하**

都 首
도읍 **도**　머리 **수**

풍향

風 向

바람 풍　　　　　　　　향할 향

風向(풍향): 바람이 부는 방향.

획순 丿 几 几 凡 凢 凮 風 風 風　　　부수 風

風	風	風	風	風

획순 ´ ´ 亻 冋 向 向 向　　　부수 口

向	向	向	向	向

어휘력 風과 向이 포함된 단어는 또 무엇이 있을까요?

비 우
風 雨
풍우: 바람과 비를 함께 이르는 말.

움직일 동
動 向
동향: 사람의 생각이나 현상 등이 움직이는 방향.

風 向

수레 차
風 車
풍차: 바람의 힘을 기계적인 힘으로 바꾸는 장치.

윗 상
向 上
향상: 실력, 수준 등이 나아짐.

문해력 風과 向이 포함된 단어는 문장에서 어떻게 쓰일까요?

돈키호테는 **風車**를 향해 돌진했다.

열심히 공부했더니 실력이 **向上**되었다.

출입

出 入

날 출　　　　　　　　　들 입

出入(출입): 어떤 곳을 드나듦.

획순 丨 屮 屮 出 出			부수 凵	
出	出	出	出	出

획순 丿 入			부수 入	
入	入	入	入	入

어휘력 出과 入이 포함된 단어는 또 무엇이 있을까요?

자리 **석**

出 席

출석: 수업 또는 모임 등에 나가 참석하는 것.

배울 **학**

入 學

입학: 공부하기 위해 학교에 들어감.

出 入

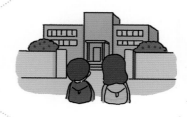

필 **발**

出 發

출발: 목적지를 향해 나아감.

더할 **가**

加 入

가입: 조직이나 단체의 구성원이 됨.

문해력 出과 入이 포함된 단어는 문장에서 어떻게 쓰일까요?

담임 선생님이 **出席**을 부르신다.

운동을 좋아하는 내 친구는 축구 동호회에 **加入**했다.

03 고대

옛 고

대신할 대

古代(고대): 옛 시대.

획순 一 十 十 古 古				부수 口
古	古	古	古	古

획순 丿 亻 亻 代 代				부수 亻
代	代	代	代	代

어휘력 古와 代가 포함된 단어는 또 무엇이 있을까요?

법 전

古 典

고전: 예전에 쓰인 작품으로, 오랫동안 많은 사람들에게 널리 읽히고 변함없이 읽을 만한 가치가 있는 문학이나 예술 작품.

몸 신

代 身

대신: 어떤 대상과 역할 또는 책임을 바꾸거나 떠맡아 함.

古 代

가운데 중

中 古

중고: 이미 사용했거나 오래된 것.

다스릴 **리(이)**

代 理

대리: 다른 사람을 대신하여 일을 처리함.

문해력 古와 代가 포함된 단어는 문장에서 어떻게 쓰일까요?

古典을 읽는 것은 교양을 쌓는 데 도움이 된다.

나는 아침에 밥 代身 시리얼을 먹는다.

方 法

모 방/본뜰 방   법 법

方法(방법): 어떤 목적을 이루기 위해 취하는 수단이나 방식.

획순 `丶 一 亠 方`				부수 `方`
方	方	方	方	方

획순 `丶 丶 氵 氵 汁 泮 法 法`			부수 `氵`
法	法	法	法

어휘력 方과 法이 포함된 단어는 또 무엇이 있을까요?

향할 **향**

方 向

방향: 어느 곳을 향한 쪽.

아닐 **부(불)**

不 法

불법: 법에 어긋나거나 위반됨.

方 法

자리 **위**

方 位

방위: 동서남북을 기준으로 하여 나타내는 어느 쪽의 위치.

집 **원**

法 院

법원: 사법권을 수행하는 국가기관.

문해력 方과 法이 포함된 단어는 문장에서 어떻게 쓰일까요?

나는 친구와 길을 잘못 들어 **方向**을 잃고 헤맸다.

不法을 저지른 사람들은 **法院**에서 판결을 받는다.

育 兒

기를 육   아이 아

育兒(육아): 어린 아이를 기름.

획순 `丶 一 亠 云 云 产 育 育 育`				부수 月
育	育	育	育	育

획순 `丿 丶 丘 白 白 白 臼 兒`				부수 儿
兒	兒	兒	兒	兒

어휘력 育과 兒가 포함된 단어는 또 무엇이 있을까요?

기를 **양**

養 育

양육: 아이를 기르고 보살펴 자라게 함.

아이 **동**

兒 童

아동: 어린 아이.

育 兒

가르칠 **교**

教 育

교육: 지식이나 기술을 가르쳐 바람직한 인격을 갖도록 함.

작을 **소**　　과목 **과**

小 兒 科

소아과: 어린아이의 병을 전문적으로 진찰하고 치료하는 의학 분야.

문해력 育과 兒가 포함된 단어는 문장에서 어떻게 쓰일까요?

학생들은 학교에서 **教育**을 받는다.

이 책은 **兒童**을 위한 도서이다.

成 長

이룰 성 　　　　　 길 장/어른 장

成長(성장): 사람이나 동식물이 자라서 커짐.

획순	ノ 厂 厂 厈 成 成 成			부수 戈
成	成	成	成	成

획순	丨 丨 丨 丨 丨 丨 長 長 長			부수 長
長	長	長	長	長

어휘력 成과 長이 포함된 단어는 또 무엇이 있을까요?

사람 **인**

成 人

성인: 자라서 어른이 된 사람.

짧을 **단**

長 短

장단: 길고 짧음.

成 長

공 **공**

成 功

성공: 목적한 것을 이룸.

모일 **회**

會 長

회장: 모임을 대표하는 사람.

문해력 成과 長이 포함된 단어는 문장에서 어떻게 쓰일까요?

에디슨은 '실패는 <u>成功</u>의 어머니이다.'라는 명언을 남겼다.

우리는 학예회 때 음악의 <u>長短</u>에 맞추어 부채춤을 추었다.

☆ 장단(長短)은 춤이나 노래의 빠르기를 나타내는 박자를 의미하기도 합니다.

現在

나타날 **현**　　　　　　있을 **재**

現在(현재): 지금의 시간.

| 획순 | 一 二 ｜ 干 王 珏 玎 玑 玔 玕 珥 現 | 부수 | 王 |

現	現	現	現	現

| 획순 | 一 ナ 才 右 存 在 | | 부수 | 土 |

在	在	在	在	在

어휘력 現과 在가 포함된 단어는 또 무엇이 있을까요?

대신할 **대**

現 代

현대: 지금의 시대.

있을 **존**

存 在

존재: 어떤 것이 실제로 현실에 있음.

現 在

마당 **장**

現 場

현장: 일이 생긴 장소.

열매 **실**

實 在

실재: 실제로 존재함.

문해력 現과 在가 포함된 단어는 문장에서 어떻게 쓰일까요?

우리 반은 오늘 식물원으로 **現場** 학습을 간다.

그는 신이 **存在**하는지 궁금해 했다.

하천

河川

물 하　　　　　　　내 천

河川(하천): 강과 시내를 이르는 말.

| 획순 | 丶 | 冫 | 氵 | 沪 | 沪 | 河 | 河 | 河 | 부수 | 氵 |

河	河	河	河	河

| 획순 | 丿 | 刂 | 川 | 부수 | 巛 |

川	川	川	川	川

24

어휘력 河와 川이 포함된 단어는 또 무엇이 있을까요?

얼음 **빙**

氷 河

빙하: 땅에 쌓인 눈이 녹고 얼어붙는 것을 반복하면서 만들어진 큰 얼음덩어리.

메 **산**　　　　　　풀 **초**　　나무 **목**

山 川 草 木

산천초목: 산천과 초목이라는 뜻으로, 자연을 의미함.

河 川

은 **은**　　　　物 **수**

銀 河 水

은하수: 은하를 강에 비유해 일상적으로 쓰는 말.

메 **산**

山 川

산천: 산과 시내를 함께 이르는 말.

문해력 河와 川이 포함된 단어는 문장에서 어떻게 쓰일까요?

지구 온난화로 기온이 따뜻해지면서 **氷河**가 빠르게 녹고 있다.

☆ 온난화(溫暖化)는 지구의 기온이 높아지는 현상을 말합니다.

우리 마을에 있는 **河川**에는 맑은 물이 흐른다.

無 效

없을 무   본받을 효

無效(무효): 보람이나 효력 또는 효과가 없음.

획순 ノ ヒ ニ 二 午 告 缶 無 無 無 無 無			부수 灬
無	無	無	無	無

획순 ` ` ー 亠 六 方 交 交 奻 効 効			부수 攵
効	効	効	効	効

어휘력 無와 效가 포함된 단어는 또 무엇이 있을까요?

헤아릴 **료(요)**

無 料

무료: 값이나 요금이
없음.

있을 **유**

有 效

유효: 보람이나
효과가 있음.

無 效

앞 **전**   뒤 **후**

前 無 後 無

전무후무: 전에도 없었고 앞으로도 없음.

실과 **과**

效 果

효과: 어떤 행동으로 인한
보람이나 결과.

문해력 無와 效가 포함된 단어는 문장에서 어떻게 쓰일까요?

어린이날을 맞아 놀이동산에서 입장권을 <u>**無料**</u>로 나눠주었다.

목이 아프고 열이 나서 감기약을 먹었더니 <u>**效果**</u>가 있다.

10 수도

머리 수

도읍 도

首都(수도): 국가의 중앙정부가 있는 도시.

획순 ` 丷 丷 兯 产 产 首 首 首   부수 首

首	首	首	首	首

획순 一 十 土 耂 耂 耂 者 者 者 者 者ʼ 都 都   부수 阝

都	都	都	都	都

어휘력 首와 都가 포함된 단어는 또 무엇이 있을까요?

으뜸 **원**

元 **首**

원수: 나라에서 가장 큰 권력을 가지고 그 나라를 대표하는 사람.

저자 **시**

都 市

도시: 인구가 많고 정치·경제·문화의 중심이 되는 지역.

首 都

스스로 **자**

自 **首**

자수: 범인이 스스로 자신의 범죄를 신고하는 것.

고을 **읍**

都 邑

도읍: 옛날에 나라의 수도를 이르던 말.

문해력 首와 都가 포함된 단어는 문장에서 어떻게 쓰일까요?

다양한 나라의 국가 **元首**가 회의에 참석하였다.

우리 할아버지는 **都市**에서 시골로 이사를 가셨다.

한자 쓰기 연습				단어 쓰기 연습
風		向	▶	
바람 풍		향할 향		풍향
出		入	▶	
날 출		들 입		출입
古		代	▶	
옛 고		대신할 대		고대
方		法	▶	
모 방/본뜰 방		법 법		방법
育		兒	▶	
기를 육		아이 아		육아

한자 쓰기 연습				단어 쓰기 연습
成 이룰 성		長 길 장/어른 장	▶	성장
現 나타날 현		在 있을 재	▶	현재
河 물 하		川 내 천	▶	하천
無 없을 무		效 본받을 효	▶	무효
首 머리 수		都 도읍 도	▶	수도

1 주어진 뜻과 음에 일치하는 한자를 찾아 알맞은 기호를 표시하세요.

아이 아 ○

본받을 효 ☆

도읍 도 □

기를 육 ◇

대신할 대 △

現　　出

兒　代

效　席

都　育

2 주어진 뜻과 한자를 연결하고 한자에 맞는 음을 쓰세요.

바람 ·　　　·成 ⇨

법 ·　　　·法 ⇨

이루다 ·　　　·河 ⇨

있다 ·　　　·風 ⇨

물 ·　　　·在 ⇨

3 주어진 뜻과 어울리는 한자어에 O 표시하세요.

1) 목적한 것을 이룸.   成功 / 育兒

2) 어린 아이.   兒童 / 入學

3) 바람과 비를 함께 이르는 말.   無效 / 風雨

4 다음 글을 읽고 주어진 한자가 각각 몇 번 나왔는지 그 횟수를 쓰세요.

우리는 오늘 현장 학습으로 식물원에 갔다.

선생님께서 출석을 부르신 후 우리는 버스를 타고

출발했다.

식물원은 산천에 있는 곳이었는데 입장료가 무료였다.

식물원에는 다양한 교육 프로그램이 있었다.

現 ····· 〇
出 ····· 〇
席 ····· 〇
無 ····· 〇
教 ····· 〇
育 ····· 〇

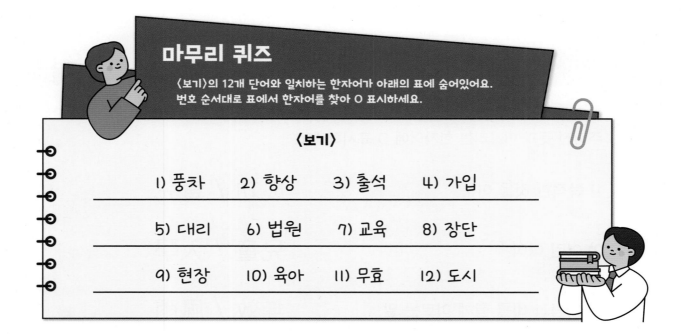

마무리 퀴즈

〈보기〉의 12개 단어와 일치하는 한자어가 아래의 표에 숨어있어요.
번호 순서대로 표에서 한자어를 찾아 O 표시하세요.

〈보기〉

1) 풍차 2) 향상 3) 출석 4) 가입

5) 대리 6) 법원 7) 교육 8) 장단

9) 현장 10) 육아 11) 무효 12) 도시

效	果	古	都	代	典
出	現	在	市	風	理
長	席	場	山	川	車
短	法	方	敎	育	位
場	院	向	上	兒	加
短	位	養	無	效	入

11~20

이번 장에서 배울 내용입니다.
한자의 뜻과 음을 보고
단어의 의미를 유추해보세요.

結 果
맺을 결 · 실과 과

溫 度
따뜻할 온 · 법도 도

許 可
허락할 허 · 옳을 가

共 通
한가지 공/ · 통할 통
함께 공

校 服
학교 교 · 옷 복

始 作
비로소 시 · 지을 작

集 合
모을 집 · 합할 합

半 年
반 반 · 해 년

頭 目
머리 두 · 눈 목

性 格
성품 성 · 격식 격

결과

結 果

맺을 결   실과 과

結果(결과): 어떤 원인으로 인해 일어난 결말.

| 획순 | ´ ㄠ ㄠ ㄠ ㅎ 糸 糸 糸 糸 紽 結 結 | 부수 糸 |

結	結	結	結	結

| 획순 | 丨 冂 冂 曰 旦 甲 旱 果 | 부수 木 |

果	果	果	果	果

어휘력 結과 果가 포함된 단어는 또 무엇이 있을까요?

열매 **실**

結 實

결실: 일이 잘 맺어짐.

인할 **인**

因 果

인과: 원인과 결과.

結 果

끝 **말**

結 末

결말: 어떤 일의 마무리.

열매 **실**

果 實

과실: 사람이 먹을 수 있는 나무의 열매.

문해력 結과 果가 포함된 단어는 문장에서 어떻게 쓰일까요?

영화는 행복한 <u>結末</u>로 끝났다.

아주머니는 나무에서 잘 익은 <u>果實</u>을 따서 바구니에 담았다.

始作

비로소 시   지을 작

始作(시작): 일이나 행동을 처음으로 함.

획순 ㄑ ㄥ 女 女 女 妒 妒 始 始   **부수** 女

始	始	始	始	始

획순 ノ 亻 亻 亻 作 作 作 作   **부수** 亻

作	作	作	作	作

어휘력 始와 作이 포함된 단어는 또 무엇이 있을까요?

처음 **초**

始 初

시초: 맨 처음.

굽을 **곡**

作 曲

작곡: 음악을 창작함.

始 作

열 **개**

開 始

개시: 일이나 행동을 시작함.

업 **업**

作 業

작업: 일을 함.

문해력 始와 作이 포함된 단어는 문장에서 어떻게 쓰일까요?

대장은 부하에게 작전 **開始** 명령을 내렸다.

모차르트는 오스트리아의 유명한 **作曲**가이다.

☆ 음악을 창작하는 사람을 작곡(作曲) 뒤에 '-가(家)'를 붙여 작곡가(作曲家)라고 합니다.

溫 度

따뜻할 **온**   법도 **도**

溫度(온도): 따뜻함과 차가움의 정도.

획순 ` 丶 氵 氵 沪 沪 沪 沪 沪 沼 溫 溫 溫 溫 부수 氵

溫	溫	溫	溫	溫

획순 ` 亠 广 广 户 庐 庐 庐 庐 度 度   부수 广

度	度	度	度	度

어휘력 溫과 度가 포함된 단어는 또 무엇이 있을까요?

기운 **기**

氣 溫

기온: 대기의 온도.

빠를 **속**

速 度

속도: 물체가
나아가는 빠르기.

溫 度

집 **실**

溫 室

온실: 난방이 되는 방.

뿔 **각**

角 度

각도: 같은 점에서 갈리어
나간 두 직선이 벌어진 정도.

문해력 溫과 度가 포함된 단어는 문장에서 어떻게 쓰일까요?

일기예보에서 올해 여름은 <u>氣溫</u>이 높으니 열사병에 주의하라고 했다.

빗길에 운전할 때는 사고의 위험이 높으므로 <u>速度</u>를 늦추는 것이 좋다.

集 合

모을 집 　　　　　 합할 합

集合(집합): 한 곳으로 모임.

2+2 =4

획순 ノ イ イ イ 仁 作 作 佳 佳 隹 隼 隼 集 集　부수 隹

集	集	集	集	集

획순 ノ 人 人 合 合 合　부수 口

合	合	合	合	合

어휘력 集과 合이 포함된 단어는 또 무엇이 있을까요?

가운데 **중**

集 中

집중: 한 곳으로 모임.

셀 **계**

合 計

합계: 합하여 계산함.

集 合

둥글 **단**

集 團

집단: 여럿이 모인 모임.

뜻 **의**

合 意

합의: 서로 뜻이 맞음.

문해력 集과 合이 포함된 단어는 문장에서 어떻게 쓰일까요?

수업시간에 선생님 말씀을 **集中**해서 들었더니 시험 성적이 올랐다.

이 물건값의 **合計**는 얼마인가요?

허가

許可

허락할 허   옳을 가

許可(허가): 어떤 행동이나 일을 할 수 있게 함.

획순 ` ㅗ ㅛ 言 言 言 言 計 許 許 許   부수 言

許	許	許	許	許

획순 一 ㄱ ㅁ ㅁ 可   부수 口

可	可	可	可	可

어휘력 許와 可가 포함된 단어는 또 무엇이 있을까요?

특별할 **특**

特 許

특허: 특별히 허락함. 또는 새로운 발명에 대한 여러 가지 권리를 독점하는 권리.

능할 **능**

可 能

가능: 할 수 있음.

許 可

허락할 **낙(락)**

許 諾

허락: 청하는 것을 하도록 들어줌.

아닐 **부(불)**

不 可

불가: 가능하지 않음.

문해력 許와 可가 포함된 단어는 문장에서 어떻게 쓰일까요?

그는 자신의 발명품에 대해 **特許**를 신청했다.

계획표를 작성할 때는 실천 **可能**한 일을 적는 것이 좋다.

16 반년

半 年

반 반   해 년

半年(반년): 한 해의 반인 여섯 달.

획순 ⺊ ⺊ ⺊ ⺊ 半   **부수** 十

半	半	半	半	半

획순 ⺊ ⺊ ⺊ ⺊ ⺊ 年   **부수** 干

年	年	年	年	年

어휘력 半과 年이 포함된 단어는 또 무엇이 있을까요?

꺾을 **절**

半 折

반절: 하나를 반으로 자름.

어제 **작**

昨 年

작년: 올해 바로 전의 해.

半 年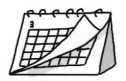

공 구

半 球

반구: 구의 절반.

올 래(내)

來 年

내년: 올해 바로 다음의 해.

문해력 半과 年이 포함된 단어는 문장에서 어떻게 쓰일까요?

우리나라는 북**半球**에 위치해 있다.

☆ 지구를 적도 기준으로 나누었을 때 북쪽을 북반구(北半球), 남쪽을 남반구(南半球)라고 합니다.

올해 여름은 **昨年** 여름보다 덥다.

共通

한가지 공   통할 통

共通(공통): 둘 이상의 여럿 사이에 두루 해당됨.

획순 一 十 卄 共 共 共				부수 八
共	共	共	共	共

획순 フ マ マ 丙 丙 甬 甬 涌 涌 涌 通				부수 辶
通	通	通	通	通

어휘력 共과 通이 포함된 단어는 또 무엇이 있을까요?

한가지 **동**　몸 **체**

共 同 體

공동체: 생활이나 목적을 함께하는 집단.

다닐 **행**

通 行

통행: 일정한 장소를 지나다님.

共 通

더할 **익**

共 益

공익: 공동의 이익.

사귈 **교**

交 通

교통: 자동차 등을 이용하여 사람이 오고 가는 것.

문해력 共과 通이 포함된 단어는 문장에서 어떻게 쓰일까요?

우리학교 학생들은 기숙사에서 **共同體** 생활을 한다.

도로 공사로 인해 차량 **通行**이 통제되었다.

18 두목

頭 目

머리 두　　　　　　눈 목

頭目(두목): 패거리의 우두머리.

| 획순 | ⁻ ⁻ ⁻ ⁻ ⁻ ⁻ ⁻ 一 一 万 亘 亘 豆 豆 豆 豆 豆 頭 頭 頭 頭 頭 頭 | 부수 頁 |

頭	頭	頭	頭	頭

| 획순 | 丨 冂 冂 目 目 目 | 부수 目 |

目	目	目	目	目

50

어휘력 頭와 目이 포함된 단어는 또 무엇이 있을까요?

먼저 **선**

先 頭

선두: 행렬이나
활동에서의 맨 앞.

제목 **제**

題 目

제목: 작품이나 강연 등에
붙이는 이름.

頭 目

뿔 **각**

頭 角

두각: 학식이나 재능이
뛰어남을 비유적으로
이르는 말.

낯 **면**

面 目

면목: 남을 대할 만한
체면.

문해력 頭와 目이 포함된 단어는 문장에서 어떻게 쓰일까요?

어렸을 때부터 그림그리기를 좋아한 동생은 미술에 남다른 **頭角**을 드러냈다.

책의 **題目**만으로 책을 판단하는 것은 바람직하지 않다.

교복

校 服

학교 교 　　　　　 옷 복

校服(교복): 학교에서 학생이 입도록 정한 옷.

획순	一 十 才 木 杧 杧 杧 柼 栌 校 校		부수	木

校	校	校	校	校

획순	丿 几 月 月 肝 肝 服 服		부수	月

服	服	服	服	服

어휘력 校와 服이 포함된 단어는 또 무엇이 있을까요?

노래 **가**

校 歌

교가: 학교를
상징하는 노래.

옷 **의**

衣 服

의복: 몸을 가리거나 보호
하기 위해 천 또는 가죽으로
만들어 입는 물건.

校 服

어른 **장**

校 長

교장: 학교의 가장 높은
지위.

한국 **한**/나라 **한**

韓 服

한복: 우리나라
전통 의복.

문해력 校와 服이 포함된 단어는 문장에서 어떻게 쓰일까요?

졸업식 때 학생들은 모두 **校歌**를 제창하였다.

아이들이 설날에 **韓服**을 차려 입고 어른들께 세배를 했다.

性 格

성품 성   격식 격

性格(성격): 개인이 지닌 성질이나 품성.

획순	ヽ ヾ 忄 忄 忄 忄 性 性		부수	忄

性	性	性	性	性

획순	一 十 才 才 柞 杉 柊 柊 格 格		부수	木

格	格	格	格	格

어휘력 性과 格이 포함된 단어는 또 무엇이 있을까요?

느낄 **감**

感 性

감성: 자극의 변화에 대한 느낌이 일어나는 능력.

합할 **합**

合 格

합격: 시험 등에서 조건을 갖추어 자격이나 지위를 얻음.

性 格

나눌 **별**

性 別

성별: 성에 따른 구별.

값 **가**

價 格

가격: 물건의 가치를 돈으로 나타낸 것.

문해력 性과 格이 포함된 단어는 문장에서 어떻게 쓰일까요?

그 가수는 **感性**이 풍부해서 노래를 잘 부른다.

그는 열심히 공부해서 원하는 대학에 **合格**할 수 있었다.

한자 쓰기 연습				단어 쓰기 연습
結 맺을 결		果 실과 과	▶	결과
始 비로소 시		作 지을 작	▶	시작
溫 따뜻할 온		度 법도 도	▶	온도
集 모을 집		合 합할 합	▶	집합
許 허락할 허		可 옳을 가	▶	허가

한자 쓰기 연습			단어 쓰기 연습
半	年	▶	
반 반	해 년		반년
共	通	▶	
한가지 공/ 함께 공	통할 통		공통
頭	目	▶	
머리 두	눈 목		두목
校	服	▶	
학교 교	옷 복		교복
性	格	▶	
성품 성	격식 격		성격

1 주어진 뜻과 음에 일치하는 한자를 찾아 알맞은 기호를 표시하세요.

맺을 결 ◯

법도 도 ☆

허락할 허 ☐

옷 복 ◇

격식 격 △

合　　服

諾　格

結　許

來　度

2 주어진 뜻과 한자를 연결하고 한자에 맞는 음을 쓰세요.

따뜻하다 •　　　• 頭 ⇨

합하다 •　　　• 溫 ⇨

옳다 •　　　• 共 ⇨

함께 •　　　• 合 ⇨

머리 •　　　• 可 ⇨

3 주어진 뜻과 어울리는 한자어에 O 표시하세요.

1) 서로 뜻이 맞음.   合計 / 合意

2) 일이나 행동을 시작함.   結實 / 開始

3) 개인이 지닌 성질이나 품성.   感性 / 性格

4 다음 글을 읽고 주어진 한자가 각각 몇 번 나왔는지 그 횟수를 쓰세요.

졸업식 때 교장 선생님께서 우리에게

졸업장을 나누어 주셨다.

우리는 모두 교가를 제창하였다.

졸업식이 끝나고 부모님은 내가 친구와 노는 것을

허락해 주셨다.

내년에는 내 동생이 초등학교를 졸업한다.

長 ····· ◯
歌 ····· ◯
許 ····· ◯
諾 ····· ◯
來 ····· ◯
年 ····· ◯

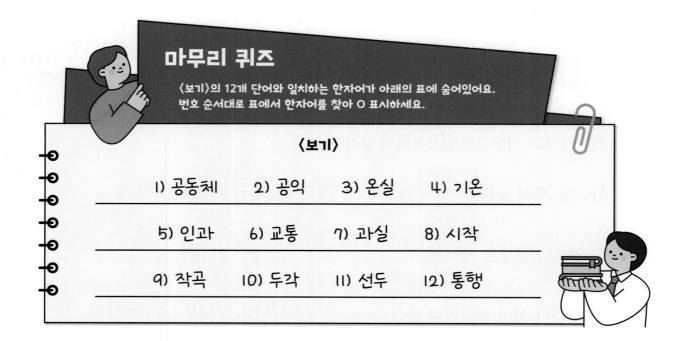

마무리 퀴즈

〈보기〉의 12개 단어와 일치하는 한자어가 아래의 표에 숨어있어요.
번호 순서대로 표에서 한자어를 찾아 O 표시하세요.

〈보기〉

1) 공동체 2) 공익 3) 온실 4) 기온

5) 인과 6) 교통 7) 과실 8) 시작

9) 작곡 10) 두각 11) 선두 12) 통행

先	速	度	韓	氣	溫
頭	目	性	格	別	室
題	角	共	同	體	末
開	始	益	交	許	結
可	作	曲	通	因	果
能	業	衣	行	歌	實

21~30

이번 장에서 배울 내용입니다.
한자의 뜻과 음을 보고
단어의 의미를 유추해보세요.

必 要
반드시 **필**　요긴할 **요**

他 人
다를 **타**　사람 **인**

失 敗
잃을 **실**　패할 **패**

種 子
씨 **종**　아들 **자**

利 用
이로울
리(이)　쓸 **용**

有 益
있을 **유**　더할 **익**

放 學
놓을 **방**　배울 **학**

原 料
언덕 **원**/
근원 **원**　헤아릴
료(요)

時 計
때 **시**　셀 **계**

家 族
집 **가**　겨레 **족**

必要

반드시 **필**   요긴할 **요**

必要(필요): 반드시 요구되는 것.

획순 丶 ㇒ 必 必 必   **부수** 心

必	必	必	必	必

획순 一 ㇆ 匸 襾 襾 襾 西 覀 要 要   **부수** 襾

要	要	要	要	要

어휘력 必과 要가 포함된 단어는 또 무엇이 있을까요?

이길 **승**

必 勝

필승: 반드시 이김.

맺을 **약**

要 約

요약: 요점을 간추림.

必 要

그럴 **연**

必 然

필연: 반드시 그렇게
될 수밖에 없음.

무거울 **중**

重 要

중요: 귀중하고 요긴함.

문해력 必과 要가 포함된 단어는 문장에서 어떻게 쓰일까요?

너가 열심히 공부했으니 시험에 합격한 것은 **必然**이다.

이 학습서는 **要約**이 잘 되어 있다.

22 타인

他 人

다를 타 　　　　　 사람 인

他人(타인): 다른 사람.

획순　ノ　イ　仆　伅　他　　　　부수　イ

他

획순　ノ　人　　　　부수　人

人

어휘력 他와 人이 포함된 단어는 또 무엇이 있을까요?

놈 자

他 者

타자: 자기 외의 다른 사람.

일 사

人 事

인사: 만나거나 헤어질 때 예의를 나타내는 행동이나 말.

他 人

메 산 갈 지 돌 석

他 山 之 石

타산지석: 다른 산의 돌이라는 뜻으로, 다른 사람의 잘못이 자기를 수양하는 데 도움이 될 수 있음을 의미함.

허물 죄

罪 人

죄인: 죄를 지은 사람.

문해력 他와 人이 포함된 단어는 문장에서 어떻게 쓰일까요?

그는 **他人**의 잘못에 너그러운 편이다.

그의 부모님은 그에게 어른을 만나면 **人事**하라고 가르쳤다.

실패

失 敗

잃을 실 　　　　패할 패

失敗(실패): 일을 잘못하여 그르침.

획순 ノ 一 ㄷ 生 失 　　**부수** 大

失	失	失	失	失

획순 丨 冂 冃 月 目 貝 貝 貝 財 財 敗 　**부수** 攵

敗	敗	敗	敗	敗

66

어휘력 失과 敗가 포함된 단어는 또 무엇이 있을까요?

손 **수**

失 手

실수: 조심하지 않아
잘못함.

달아날 **배**

敗 北

패배: 겨루어서 짐.

失 敗

바랄 **망**

失 望

실망: 원하는 대로 되지
않아 마음이 상함.

이길 **승**

勝 敗

승패: 승리와 패배.

문해력 失과 敗가 포함된 단어는 문장에서 어떻게 쓰일까요?

동생은 원하는 선물을 받지 못해 **失望**하였다.

비록 이기지는 못했지만 선수들은 **勝敗**에 연연하지 않고 끝까지 최선을 다했다.

種 子

씨 종　　　　아들 자

種子(종자): 식물의 씨앗.

| 획순 | ´ ⌒ 千 禾 禾 禾 秆 秆 秆 稻 稻 稻 種 種 | 부수 | 禾 |

種　種　種　種　種

| 획순 | ⌒ 了 子 | 부수 | 子 |

子　子　子　子　子

68

어휘력 種과 子가 포함된 단어는 또 무엇이 있을까요?

각각 **각**

各 種

각종: 온갖 종류.

숨쉴 **식**

子 息

자식: 아들과 딸.

種 子

다를 **별**

別 種

별종: 다른 종류.

칠 **박**

拍 子

박자: 음악이 진행되는
시간을 세는 기본 단위.

문해력 種과 子가 포함된 단어는 문장에서 어떻게 쓰일까요?

문구점에는 **各種** 학용품이 가득하다.

우리는 **拍子**에 맞추어 악기를 연주하였다.

利 用

이로울 리(이)   쓸 용

利用(이용): 어떤 것을 필요에 따라 이롭게 씀.

| 획순 | ノ ニ 千 禾 禾 利 利 | | 부수 | 刂 |

利	利	利	利	利

| 획순 | 丿 几 月 月 用 | | 부수 | 用 |

用	用	用	用	用

利와 用이 포함된 단어는 또 무엇이 있을까요?

이길 **승**

勝 利

승리: 겨루어 이김.

믿을 **신**

信 用

신용: 믿어 의심하지
않음.

利 用

얻을 **득**

利 得

이득: 이익을 얻음.

없을 **무**　갈 **지**　물건 **물**

無 用 之 物

무용지물: 아무런 소용이 없는 것.

문해력 利와 用이 포함된 단어는 문장에서 어떻게 쓰일까요?

체육 대회 때 우리 반은 피구 경기에서 **勝利**했다.

이번 운동회를 위해 만든 현수막이 운동회가 취소되면서 **無用之物**이 되었다.

有 益

있을 유   더할 익

有益(유익): 이롭거나 도움이 됨.

획순 ノ ナ オ 冇 有 有	부수 月

有	有	有	有	有

획순 ノ 八 八 父 父 谷 谷 谷 盆 益	부수 皿

益	益	益	益	益

어휘력 有와 益이 포함된 단어는 또 무엇이 있을까요?

이로울 **리(이)**

有 利

유리: 이익이 있음.

많을 **다**   많을 **다**   착할 **선**

多 多 益 善

다다익선: 많으면 많을수록 더욱 좋다.

有 益

입 **구**   없을 **무**   말씀 **언**

有 口 無 言

유구무언: 입은 있으나 말이 없다는 뜻으로,
변명할 말이 없음을 의미함.

이로울 **리(이)**

利 益

이익: 물질적, 정신적으로
보탬이 되는 것.

문해력 有와 益이 포함된 단어는 문장에서 어떻게 쓰일까요?

이번 시합은 선수가 많은 우리 팀이 **有利**하다.

그는 자신의 **利益**만 생각하는 이기적인 사람이다.

27 방학

放 學

놓을 **방**   배울 **학**

放學(방학): 일정 기간 수업을 쉬는 일.

| 획순 | ` ⼆ ⼄ 方 ⽅ ⽅ 放 放 | 부수 | 攵 |

放	放	放	放	放

| 획순 | ` ⼁ ⼂ ⼃ ⼄ ⻊ ⻌ ⻍ ⻎ ⻏ ⻐ ⻑ 與 學 學 學 | 부수 | 子 |

學	學	學	學	學

어휘력 放과 學이 포함된 단어는 또 무엇이 있을까요?

마음 **심**

放 心

방심: 마음을 놓아 버림.

익힐 **습**

學 習

학습: 배워서 익힘.

放 學

열 **개**

開 放

개방: 문이나 공간을 자유롭게 드나들게 함.

과목 **과**

學 科

학과: 학술의 분과.

문해력 放과 學이 포함된 단어는 문장에서 어떻게 쓰일까요?

운전할 때는 순간의 <u>**放心**</u>이 사고를 부를 수 있기 때문에 조심해야 한다.

대학 입학 준비를 하는 언니는 <u>**學科**</u> 선택에 고민이 많다.

28 원료

原 料

언덕 원/근원 원

헤아릴 료(요)

原料(원료): 물건을 만드는 재료.

| 획순 | 一 厂 厂 厂 厂 原 原 原 原 原 原 | 부수 | 厂 |

原	原	原	原	原

| 획순 | 丶 丶 丷 二 半 半 米 米 米 米 料 | 부수 | 斗 |

料	料	料	料	料

어휘력 原과 料가 포함된 단어는 또 무엇이 있을까요?

비로소 **시**

原 始

원시: 시작하는 처음.

다스릴 **리(이)**

料 理

요리: 여러 조리 과정을 거쳐 음식을 만듦.

原 料

인할 **인**

原 因

원인: 어떤 것을 발생시키 거나 변화시키는 일 또는 사건.

재목 **재**

材 料

재료: 물건을 만드는 데 들어가는 원료.

문해력 原과 料가 포함된 단어는 문장에서 어떻게 쓰일까요?

이 동굴 벽화는 <u>**原始**</u> 시대에 만들어진 것이다.

이 <u>**料理**</u>를 만들기 위해서는 여러 가지 <u>**材料**</u>가 필요하다.

29 시계

時 計

때 시   셀 계

時計(시계): 시간을 재거나 나타내는 기계.

획순 丨 𠃍 𠃌 日 日- 旪 旪 昨 時 時   부수 日

時	時	時	時	時

획순 丶 一 ㄈ 言 言 言 言 言 計   부수 言

計	計	計	計	計

어휘력 時와 計가 포함된 단어는 또 무엇이 있을까요?

대신할 **대**

時 代

시대: 어떤 기준에 의해 구분한 기간.

셀 **계**

計 算

계산: 수를 헤아리거나 값을 치르는 것. 또는 주어진 수나 식을 일정한 규칙에 따라 처리하여 수치를 구하는 것.

時 計

기약할 **기**

時 期

시기: 적당한 때나 기회.

석 **삼**   열 **십**   여섯 **류(육)**

三 十 六 計

삼십육계: 서른 여섯 가지의 꾀라는 뜻으로, 꾀가 많음을 의미함.

문해력 時와 計가 포함된 단어는 문장에서 어떻게 쓰일까요?

요즘 같은 국제화 **時代**에는 어릴 때부터 영어를 배우는 아이들이 많다.

그는 상황이 자신에게 불리해지자 **三十六計** 줄행랑을 쳤다.

☆ '삼십육계(三十六計) 줄행랑 놓다/치다'는 '급하게 도망치다'라는 의미입니다.

가족

家族

집 가

겨레 족

家族(가족): 부부를 중심으로 하여 친족 관계에 있는 사람들의 집단.

획순 ` ` ` 宀 宀 宁 宁 宕 家 家 家　부수 宀

家	家	家	家	家

획순 ` ` ` ㇆ 方 方 方 方 㐅 㐅 族 族　부수 方

族	族	族	族	族

어휘력 家와 族이 포함된 단어는 또 무엇이 있을까요?

집 **옥**

家 屋

가옥: 사람이 사는 집.

백성 **민**

民 族

민족: 오랜 세월 일정한 지역에서 공동 생활을 하고 언어와 문화를 기초로 역사적으로 형성된 사회 집단.

家 族

지을 **작**

作 家

작가: 문학 작품이나 그림 등의 예술품을 창작하는 사람.

친할 **친**

親 族

친족: 촌수가 가까운 일가.

문해력 家와 族이 포함된 단어는 문장에서 어떻게 쓰일까요?

이번 전시회에는 유명한 미술 **作家**들이 많이 참여하였다.

명절에는 **親族**들이 모두 모여 함께 식사를 한다.

한자 쓰기 연습				단어 쓰기 연습
必 반드시 필		要 요긴할 요	▶	필요
他 다를 타		人 사람 인	▶	타인
失 잃을 실		敗 패할 패	▶	실패
種 씨 종		子 아들 자	▶	종자
利 이로울 리(이)		用 쓸 용	▶	이용

한자 쓰기 연습				단어 쓰기 연습
有		益		
있을 유		더할 익	▶	유익
放		學		
놓을 방		배울 학	▶	방학
原		料		
언덕 원/근원 원		헤아릴 료(요)	▶	원료
時		計		
때 시		셀 계	▶	시계
家		族		
집 가		겨레 족	▶	가족

문제 풀면서 복습

1 주어진 뜻과 음에 일치하는 한자를 찾아 알맞은 기호를 표시하세요.

씨 종 ◯

이로울 리(이) ☆

놓을 방 ☐

근원 원 ◇

겨레 족 △

族　　心

利　放

學　原

種　失

2 주어진 뜻과 한자를 연결하고 한자에 맞는 음을 쓰세요.

더하다 ·　　　　·計 ⇨

배우다 ·　　　　·益 ⇨

헤아리다 ·　　　　·他 ⇨

세다 ·　　　　·料 ⇨

다르다 ·　　　　·學 ⇨

3 주어진 뜻과 어울리는 한자어에 O 표시하세요.

1) 믿어 의심하지 않음.　　　　利益 / 信用

2) 요점을 간추림.　　　　　　料理 / 要約

3) 온갖 종류.　　　　　　　　各種 / 親族

4 다음 글을 읽고 주어진 한자가 각각 몇 번 나왔는지 그 횟수를 쓰세요.

시험공부를 열심히 했지만 시험 때 실수를 해서

점수가 잘 나오지 않았다.

내가 실망하자 친구가 위로해주었다.

방학 때 나는 학교에서 학습이 필요한 과목의

보충수업을 들었다.

다음 시험에서 나는 방심하지 않고 같은 실수를

반복하지 않았다.

失 ……○
手 ……○
望 ……○
放 ……○
學 ……○
心 ……○

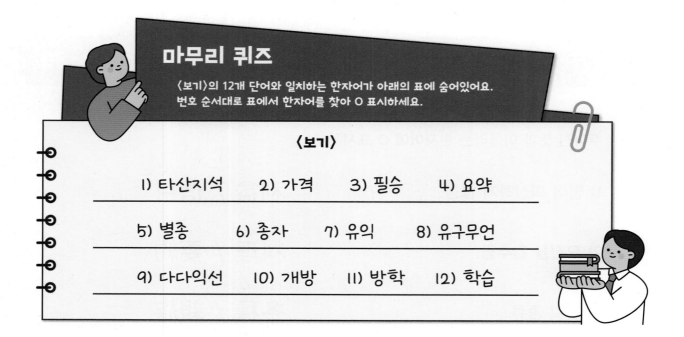

마무리 퀴즈

〈보기〉의 12개 단어와 일치하는 한자어가 아래의 표에 숨어있어요.
번호 순서대로 표에서 한자어를 찾아 O 표시하세요.

〈보기〉

1) 타산지석   2) 가격   3) 필승   4) 요약

5) 별종   6) 종자   7) 유익   8) 유구무언

9) 다다익선   10) 개방   11) 방학   12) 학습

要	他	罪	作	多	時
約	民	山	多	別	期
料	有	益	之	種	拍
開	善	口	家	石	子
放	學	習	無	價	合
必	勝	原	始	言	格

31~40

이번 장에서 배울 내용입니다.
한자의 뜻과 음을 보고
단어의 의미를 유추해보세요.

自 然
스스로 자　그럴 연

軍 士
군사 군　선비 사

親 切
친할 친　끊을 절

急 行
급할 급　다닐 행

感 情
느낄 감　뜻 정

知 能
알 지　능할 능

廣 告
넓을 광　고할 고

遠 近
멀 원　가까울 근

進 路
나아갈 진　길 로(노)

最 高
가장 최　높을 고

自 然

스스로 자   그럴 연

自然(자연): 스스로 존재하거나 저절로 이루어진 존재나 상태.

획순 ´ ㇒ ㇆ 白 白 自   **부수** 自

自	自	自	自	自

획순 ´ ㇆ ㄅ 夕 夕 夕 ㇏ 外 夕犬 夕犬 夕犬 然 然 然   **부수** 灬

然	然	然	然	然

88

어휘력 自와 然이 포함된 단어는 또 무엇이 있을까요?

몸 기

自 己

자기: 그 사람 자신.

하늘 천

天 然

천연: 사람의 힘이 가해지지 않고 자연적으로 저절로 이루어진 상태.

自 然

믿을 **신** 느낄 **감**

自 信 感

자신감: 어떤 일을 해낼 수 있다고 스스로의 능력을 믿는 마음.

마땅 **당**

當 然

당연: 마땅히 그러함.

문해력 自와 然이 포함된 단어는 문장에서 어떻게 쓰일까요?

그는 어떤 일이든 해낼 수 있다는 **自信感**이 있다.

열심히 공부한 사람에게 좋은 결과가 있는 것은 **當然**한 일이다.

지능

知 能

알 지   능할 능

知能(지능): 지혜와 재능.

획순	ﾉ ﾄ ﾟ 牛 矢 知 知 知		부수	矢
知	知	知	知	知

획순	ﾑ ﾑ ﾑ ﾑ 自 自 自 能 能 能		부수	月
能	能	能	能	能

어휘력 知와 能이 포함된 단어는 또 무엇이 있을까요?

없을 무

無 知

무지: 아는 것이 없음.

힘 력(역)

能 力

능력: 일을 감당해낼 수 있는 힘.

知 能

알 식

知 識

지식: 알고 있는 내용. 또는 학습이나 경험을 통해 알게 된 인식이나 이해.

재주 재

才 能

재능: 재주와 능력.

문해력 知와 能이 포함된 단어는 문장에서 어떻게 쓰일까요?

그는 책을 많이 읽어 **知識**을 쌓았다.

그 피아니스트는 어렸을 때부터 음악적 **才能**을 타고났다.

33 군사

軍 士

군사 군　　　　선비 사

軍士(군사): 예전에 군인을 이르던 말.

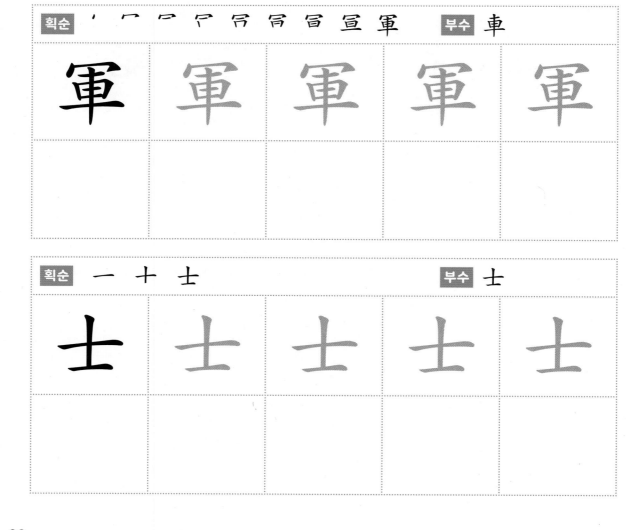

획순 ′ ′ ′ ′ ′ 戶 戶 戶 宣 軍　　**부수** 車

軍 軍 軍 軍 軍

획순 一 十 士　　**부수** 士

士 士 士 士 士

어휘력 軍과 士가 포함된 단어는 또 무엇이 있을까요?

바다 **해**

海 軍

해군: 바다에서 공격과 수비를 하는 군대.

싸움 **전**

戰 士

전사: 전투하는 군사.

軍 士

뭍 **륙(육)**

陸 軍

육군: 땅 위에서 공격과 수비를 하는 군대.

병사 **병**

兵 士

병사: 옛날에 군인을 이르던 말.

문해력 軍과 士가 포함된 단어는 문장에서 어떻게 쓰일까요?

그는 바다를 지키는 **海軍**이 되는 것이 꿈이다.

☆ 하늘에서 공격과 수비를 하는 군대는 공군(空軍)이라고 합니다.

兵士들은 전쟁터에서 용감하게 싸웠다.

광고

廣 告

넓을 광　　　　　　　고할 고

廣告(광고): 세상에 널리 알림.

획순 ` 一 广 广 产 产 产 产 庐 庐 庐 庐 廣 廣　　**부수** 广

廣	廣	廣	廣	廣

획순 ノ 丿 牛 生 告 告 告　　**부수** 口

告	告	告	告	告

어휘력 廣과 告가 포함된 단어는 또 무엇이 있을까요?

마당 **장**

廣 場

광장: 넓은 마당.

흰 **백**/아뢸 **백**

告 白

고백: 마음 속에 생각하거나 숨긴 것을 사실대로 말함.

廣 告

들 **야**

廣 野

광야: 넓은 들.

충성 **충**

忠 告

충고: 잘못을 타이름.

문해력 廣과 告가 포함된 단어는 문장에서 어떻게 쓰일까요?

아이들은 **廣場**에 있는 분수대에서 신나게 놀았다.

학업 성적이 좋지 않은 내 친구는 선생님의 **忠告**에 따라 공부를 열심히 한다.

35 친절

親 切

친할 친　　　　끊을 절

親切(친절): 태도가 정겹고 친근함.

획순 丶 亠 亠 亣 立 产 辛 亲 亲 亲 亲 新 親 親 親 親　부수 見

親	親	親	親	親

획순 一 七 切 切　부수 刀

切	切	切	切	切

어휘력 親과 切이 포함된 단어는 또 무엇이 있을까요?

예 구

親 舊

친구: 오랫동안 친하게
지낸 사람.

한 일

一 切

일절: 전혀, 절대로.

親 切

가까울 근

親 近

친근: 친하고 가까움.

열매 실

切 實

절실: 시급하고 중요함.

문해력 親과 切이 포함된 단어는 문장에서 어떻게 쓰일까요?

어른이 된 후에도 나는 초등학교 동창인 **親舊**와 연락하고 지낸다.

장마철로 인해 홍수로 피해가 심한 지역은 국가적 지원이 **切實**한 상황이다.

36 원근

遠 近

멀 원 　　　　　　 가까울 근

遠近(원근): 멀고 가까움.

획순 一 十 士 吉 吉 吉 声 幸 幸 袁 袁 遠 遠 遠　부수 辶

遠	遠	遠	遠	遠

획순 ´ ′ ′ 斤 斤 斤 斤 近 近　부수 辶

近	近	近	近	近

98

어휘력 遠과 近이 포함된 단어는 또 무엇이 있을까요?

길 **영**

永 遠

영원: 끝없이 이어짐.

볼 **시**

近 視

근시: 가까운 것은
잘 보이지만 먼 것이
잘 보이지 않는 눈.

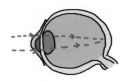

遠 近

뼅 **경**

遠 景

원경: 먼 곳에서
바라보는 경치.

가장 **최**

最 近

최근: 얼마 안된 지난 날.

문해력 遠과 近이 포함된 단어는 문장에서 어떻게 쓰일까요?

이 동화는 공주와 왕자가 결혼하여 **永遠**히 행복하게 살았다는 결말로 끝난다.

독서를 좋아하는 내 친구는 **近視**로 인해 안경을 쓴다.

急 行

급할 급   다닐 행

急行(급행): 급하게 감. 또는
속도가 빠르고 정차하는 역이 적은 열차.

획순 ⺈ ⺈ ⺈ ⺈ 刍 刍 急 急 急   **부수** 心

急	急	急	急	急

획순 ⼃ ⼃ ⼃ 彳 彳 行 行   **부수** 行

行	行	行	行	行

어휘력 急과 行이 포함된 단어는 또 무엇이 있을까요?

때 **시**

時 急

시급: 시각을 다툴 만큼
급함.

나그네 **려(여)**

旅 行

여행: 다른 지역으로
유람하는 것.

急 行

구원할 **구**

救 急

구급: 위급한 상황에서
구함.

장사 **상**

行 商

행상: 돌아다니면서
물건을 파는 일.

문해력 急과 行이 포함된 단어는 문장에서 어떻게 쓰일까요?

旅行을 가기 전에는 만일에 대비해 救急약을 준비하는 것이 좋다.

옛날에는 돌아다니며 물건을 팔러 다니는 行商인이 많았다.

☆ 돌아다니며 물건을 파는 사람을 행상인(行商人)이라고 합니다.

進 路

나아갈 진   길 로(노)

進路(진로): 나아갈 길.

획순 ノ 亻 亻 亻 仁 乍 住 住 隹 隹 進 進   부수 辶

進 進 進 進 進

획순 丶 口 口 甲 罕 묘 묘 趵 趵 趵 政 路 路   부수 묘

路 路 路 路 路

어휘력 進과 路가 포함된 단어는 또 무엇이 있을까요?

배울 **학**

進 學

진학: 학문의 길로
나아가 배움.

길 **도**

道 路

도로: 사람이나 차가
다닐 수 있도록 만든 길.

進 路

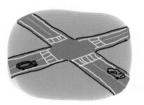

다닐 **행**

進 行

진행: 앞으로 나아감.

줄 **선**

路 線

노선: 버스, 기차 등
두 지점을 정기적으로
오고 가는 교통선.

문해력 進과 路가 포함된 단어는 문장에서 어떻게 쓰일까요?

나는 미술을 배우기 위해 예술학교에 **進學**하였다.

평소에 자주 타던 버스의 **路線**이 일시적으로 변경되었다.

感情

느낄 **감**

뜻 **정**

感情(감정): 어떤 것에 대해 일어나는 기분.

획순) 厂 厂 厂 厂 咸 咸 咸 咸 咸 咸 感 感 感 **부수** 心

感	感	感	感	感

획순 ` ` 忄 忄 忄 忄 忭 情 情 情 情 **부수** 忄

情	情	情	情	情

어휘력 感과 情이 포함된 단어는 또 무엇이 있을까요?

움직일 **동**

感 動

감동: 깊이 느껴 마음이 움직임.

벗 **우**

友 情

우정: 친구 사이의 정.

感 情

한가지 **공**/함께 **공**

共 感

공감: 다른 사람의 의견 등에 자신도 그렇다고 느낌.

걸 **표**

表 情

표정: 감정이나 정서가 겉으로 나타남.

문해력 感과 情이 포함된 단어는 문장에서 어떻게 쓰일까요?

우리는 비록 꼴등이라도 포기하지 않고 끝까지 최선을 다한 선수에게 **感動**을 받았다.

선수들은 팬들의 환대에 기쁜 **表情**을 지었다.

최고

最 高

가장 최　　　　　　　　높을 고

最高(최고): 가장 높음. 또는 으뜸인 것.

| 획순 | 丨 冂 冃 日 旦 昌 昌 冣 冣 最 最 最 | | | 부수 | 日 |

| 最 | 最 | 最 | 最 | 最 |

| 획순 | 丶 亠 亠 产 吂 咅 高 高 高 高 | | | 부수 | 高 |

| 高 | 高 | 高 | 高 | 高 |

106

어휘력 最와 高가 포함된 단어는 또 무엇이 있을까요?

뒤 **후**

最 後

최후: 맨 마지막.

등급 **급**

高 級

고급: 품질이 뛰어나고
값이 비쌈.

最 高

새 **신**

最 新

최신: 가장 새로움.

빠를 **속**

高 速

고속: 매우 빠른 속도.

문해력 最와 高가 포함된 단어는 문장에서 어떻게 쓰일까요?

올림픽에는 세계 **最高**의 선수들이 출전한다.

차들이 시원하게 뻗은 **高速**도로를 쌩쌩 달리고 있다.

한자 쓰기 연습				단어 쓰기 연습
自		然	▶	
스스로 자		그럴 연		자연
知		能	▶	
알 지		능할 능		지능
軍		士	▶	
군사 군		선비 사		군사
廣		告	▶	
넓을 광		고할 고		광고
親		切	▶	
친할 친		끊을 절		친절

한자 쓰기 연습				단어 쓰기 연습
遠		近		
멀 원		가까울 근		원근
急		行		
급할 급		다닐 행		급행
進		路		
나아갈 진		길 로(노)		진로
感		情		
느낄 감		뜻 정		감정
最		高		
가장 최		높을 고		최고

1 주어진 뜻과 음에 일치하는 한자를 찾아 알맞은 기호를 표시하세요.

능할 능 ○

그럴 연 ☆

나아갈 진 □

뜻 정 ◇

넓을 광 △

然　　　信

高　　進

情　　級

能　　廣

2 주어진 뜻과 한자를 연결하고 한자에 맞는 음을 쓰세요.

멀다 •　　　• 高 ⇨

군사 •　　　• 親 ⇨

친하다 •　　　• 遠 ⇨

끊다 •　　　• 切 ⇨

높다 •　　　• 軍 ⇨

3 주어진 뜻과 어울리는 한자어에 O 표시하세요.

1) 마땅히 그러함.　　　　　當然 / 天然

2) 알고 있는 내용.　　　　知識 / 知能

3) 잘못을 타이름.　　　　切實 / 忠告

4 다음 글을 읽고 주어진 한자가 각각 몇 번 나왔는지 그 횟수를 쓰세요.

나는 최근에 가족 여행을 다녀왔다.

우리는 어느 고급 레스토랑에 갔다.

그곳의 요리사는 자신감이 넘치는 표정이었다.

내가 주문한 스테이크는 여태까지 먹었던 것 중에

최고였다.

最 ······ 〇
族 ······ 〇
旅 ······ 〇
級 ······ 〇
信 ······ 〇
高 ······ 〇

마무리 퀴즈

〈보기〉의 12개 단어와 일치하는 한자어가 아래의 표에 숨어있어요.
번호 순서대로 표에서 한자어를 찾아 O 표시하세요.

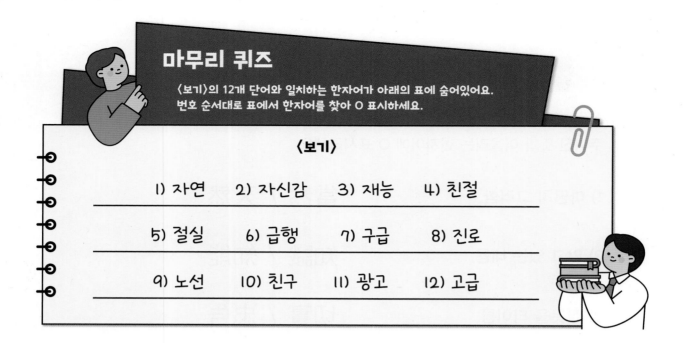

〈보기〉

1) 자연	2) 자신감	3) 재능	4) 친절
5) 절실	6) 급행	7) 구급	8) 진로
9) 노선	10) 친구	11) 광고	12) 고급

進	學	親	景	忠	廣
路	才	自	然	救	士
高	線	能	信	急	感
速	級	陸	軍	感	行
親	切	海	廣	事	無
實	舊	告	兵	急	知

41~50

이번 장에서 배울 내용입니다.
한자의 뜻과 음을 보고
단어의 의미를 유추해보세요.

區 別
구분할 구 / 나눌 별

會 社
모일 회 / 모일 사

商 業
장사 상 / 업 업

命 令
목숨 명 / 하여금 령(영)

質 問
바탕 질 / 물을 문

序 列
차례 서 / 벌일 렬(열)

書 店
글 서 / 가게 점

到 着
이를 도 / 붙을 착

窓 門
창 창 / 문 문

病 院
병 병 / 집 원

區 別

구분할 구   나눌 별

區別(구별): 어떤 것을 성질이나 종류의
차이에 따라 나눔. 또는 그런 차이.

획순 一 丆 斤 匸 匸 匸 匽 匽 品 區   부수 匸

區	區	區	區	區

획순 丶 冂 冂 号 另 別 別   부수 刂

別	別	別	別	別

어휘력 區와 別이 포함된 단어는 또 무엇이 있을까요?

사이 **간**

區 間

구간: 어떤 지점과 다른 지점과의 사이.

특별할 **특**

特 別

특별: 보통과 아주 다름.

區 別

나눌 **분**

區 分

구분: 전체를 일정한 기준에 따라 몇 개로 나누어서 가름.

다를 **차**

差 別

차별: 둘 또는 여러 대상을 각각 수준 등에 차이를 두어서 구별함.

문해력 區와 別이 포함된 단어는 문장에서 어떻게 쓰일까요?

인간은 언어를 사용한다는 점에서 다른 동물과 <u>**區別**</u>된다.

모든 사람들은 성별이나 인종 등으로 <u>**差別**</u> 받지 않기를 원한다.

序 列

차례 서 　　　　　　　 벌일 렬(열)

序列(서열): 일정한 기준에 따른 순서.

획순	丶 一 广 户 户 庐 序			부수 广
序	序	序	序	序

획순	一 ア 歹 歹 列 列			부수 刂
列	列	列	列	列

어휘력 序와 列이 포함된 단어는 또 무엇이 있을까요?

순할 **순**

順 序

순서: 무슨 일을 하거나 일이 이루어지는 차례.

다닐 **행**

行 列

행렬: 여럿이 줄지어 감.

序 列

차례 **질**

秩 序

질서: 혼란 없이 순조롭게 이루어지는 사물의 순서.

수레 **차**

列 車

열차: 전철이나 기차 등을 이르는 말.

문해력 序와 列이 포함된 단어는 문장에서 어떻게 쓰일까요?

사자 무리에서 **序列** 다툼이 발생했다.

나는 색연필을 무지개 색 **順序**로 정리했다.

會 社

모일 회   모일 사

會社(회사): 영리를 목적으로 하는 사단 법인.

| 획순 | ノ 人 人 人 今 今 命 命 命 命 會 會 會 會 | 부수 | 日 |

會	會	會	會	會

| 획순 | ` 二 テ テ 示 示 刹 社 | 부수 | 礻 |

社	社	社	社	社

어휘력 會와 社가 포함된 단어는 또 무엇이 있을까요?

합 계

會 計

회계: 나가고 들어오는
돈을 따져서 셈하는 일.
또는 그런 일을 하는 사람.

社 會

사회: 공동생활을 하는 모든 형태의 인간 집단
(가족, 마을, 교회, 국가, 계급, 회사 등의 형태).
또는 같은 무리끼리 이루는 집단.

會 社

나라 **국**

國 會

국회: 국민이 선출한
의원으로 구성되어 법을
만드는 일을 담당하는
국가 권력 기관.

길 **장**/어른 **장**

社 長

사장: 회사의 대표.

문해력 會와 社가 포함된 단어는 문장에서 어떻게 쓰일까요?

우리 형은 대학을 졸업하자마자 큰 **會社**에 취직했다.

社會의 변화 속도가 점점 빨라지고 있다.

書店

글 서   가게 점

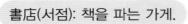

書店(서점): 책을 파는 가게.

획순 `ㄱ ㄱ ㅋ ㅋ 聿 聿 書 書 書 書` 부수 日

書	書	書	書	書

획순 `丶 亠 广 广 庐 庐 店 店` 부수 广

店	店	店	店	店

어휘력 書와 店이 포함된 단어는 또 무엇이 있을까요?

글월 **문**

文 書

문서: 글이나 기호를 사용하여 일정한 의사나 관념을 나타낸 것.

장사 **상**

商 店

상점: 시설을 갖춰 놓고 물건을 파는 가게.

書 店

집 **당**

書 堂

서당: 옛날에 한문을 가르치던 곳.

팔 **매**

賣 店

매점: 어떤 단체나 기관 안에서 물건을 파는 작은 가게.

문해력 書와 店이 포함된 단어는 문장에서 어떻게 쓰일까요?

__書店__에는 온갖 종류의 다양한 책이 있다.

쉬는 시간에 학생들이 __賣店__에서 간식을 사먹는다.

商 業

장사 상   업 업

商業(상업): 상품을 사고 파는 행위로 이익을 얻는 경제 활동.

| 획순 | 丶 亠 亠 产 产 产 商 商 商 商 | 부수 | 口 |

商	商	商	商	商

| 획순 | 丶 丷 丷 业 业 业 业 业 业 堂 堂 業 業 業 | 부수 | 木 |

業	業	業	業	業

어휘력 商과 業이 포함된 단어는 또 무엇이 있을까요?

사람 **인**

商 人

상인: 장사하는 사람.

잃을 **실**

失 業

실업: 일자리를 잃음.

商 業

물건 **품**

商 品

상품: 사고 파는 물건.

낳을 **산**

産 業

산업: 인간이 살아가는 데 필요한 여러 가지 재화나 서비스를 만들어 내는 경제적 활동(농업, 임업, 광업, 공업을 비롯하여 상업, 서비스업, 금융업 등을 포함하는 개념).

문해력 商과 業이 포함된 단어는 문장에서 어떻게 쓰일까요?

시장은 <u>商人</u>들과 손님들로 인해 북적였다.

경기가 회복됨에 따라 **失業**률 또한 감소하였다.

到着

이를 도 　　　　　　 붙을 착

到着(도착): 목적한 곳에 다다름.

획순 ー 工 至 至 至 至 到 到 　　　**부수** 刂

到 到 到 到 到

획순 ` ` ` ` ` ` ` ` ` 着 着 着 　**부수** 目

着 着 着 着 着

어휘력 到와 着이 포함된 단어는 또 무엇이 있을까요?

통달할 **달**

到 達

도달: 목적한 곳이나 수준에 다다름.

사랑 **애**

愛 着

애착: 어떤 대상을 몹시 사랑하거나 끌리어서 떨어지지 않음.

到 着

올 **래**

到 來

도래: 어떤 시기나 기회가 가까이 닥쳐옴.

손 **수**

着 手

착수: 어떤 일에 손을 대어 시작함.

문해력 到와 着이 포함된 단어는 문장에서 어떻게 쓰일까요?

그들은 긴 토론 끝에 합의에 **到達**했다.

그들은 역할을 분담하여 작업에 **着手**했다.

命 令

목숨 명

하여금 령(영)

命令(명령): 윗사람이 아랫사람에게 무엇을 하게 함.

획순 ノ 人 人 스 合 合 命 命

부수 口

命	命	命	命	命

획순 ノ 人 人 今 令

부수 人

令	令	令	令	令

어휘력 命과 令이 포함된 단어는 또 무엇이 있을까요?

날 **생**

生 命

생명: 사람이 태어나서 죽을 때까지의 살아 있는 상태.

법 **법**

法 令

법령: 법률과 명령.

命 令

옮길 **운**

運 命

운명: 우주 전체를 지배하는 초인적인 힘. 또는 그것에 의하여 이미 정해진 앞으로의 삶과 죽음.

지아비 **부**   사람 **인**

令 夫 人

영부인: 남의 아내를 높여 이르는 말로 보통 국가 원수의 부인을 이르는 말.

문해력 命과 令이 포함된 단어는 문장에서 어떻게 쓰일까요?

우리는 아무리 작은 **生命**이라도 소중히 여길 줄 알아야 한다.

사회가 변함에 따라 **法令**이 새로이 개정되었다.

窓 門

창 창　　　　　　　　　　문 문

窓門(창문): 공기나 햇빛을 받을 수 있고,
밖을 내다볼 수 있게 벽이나 지붕에 만들어 놓은 문.

| 획순 | ⸀ ⸀ ⸀ ⸀ ⸀ ⸀ ⸀ ⸀ ⸀ ⸀ 窓 | 부수 穴 |

窓	窓	窓	窓	窓

| 획순 | ⎮ ⎮ ⎮ ⎮ ⎮ ⎮ ⎮ ⎮ 門 | 부수 門 |

門	門	門	門	門

어휘력 窓과 門이 포함된 단어는 또 무엇이 있을까요?

수레 **차**

車 窓

차창: 기차나 자동차에
달려 있는 창문.

바를 **정**

正 門

정문: 건물에서 주가 되는
출입문.

窓 門

한가지 **동**

同 窓

동창: 같은 학교를
졸업한 사이.

뒤 **후**

後 門

후문: 건물의 뒤나
옆으로 난 문.

문해력 窓과 門이 포함된 단어는 문장에서 어떻게 쓰일까요?

그는 **窓門**을 열어 공기를 환기시켰다.

오랜만에 대학교 **同窓**들을 만나니 반가웠다.

질문

質 問

바탕 질　　　　　　　　물을 문

質問(질문): 모르는 것을 알기 위해 물어봄.

획순 `丶 厂 厂 斤 斤 斤 斤 所 所 斦 斦 斦 斦 質 質` **부수** 貝

質	質	質	質	質

획순 `丨 冂 冂 冂 冃 冃 門 門 門 門 問 問` **부수** 口

問	問	問	問	問

어휘력 質과 問이 포함된 단어는 또 무엇이 있을까요?

성품 **성**

性 質

성질: 사람이나 사물이
가지고 있는 본래의 특성.

찾을 **방**

訪 問

방문: 어디를 찾아가 보거나
사람을 찾아가서 만남.

質 問

물건 **품**

品 質

품질: 물건의 성질과 바탕.

돌이킬 **반**/
돌아올 **반**

反 問

반문: 상대방의 물음에
대답하지 않고 되받아 물음.

문해력 質과 問이 포함된 단어는 문장에서 어떻게 쓰일까요?

선생님께서는 학생들에게 모르는 것이 있으면 언제든 <u>**質問**</u>하라고 하셨다.

나는 오스트리아에 있는 모차르트 생가를 <u>**訪問**</u>하였다.

病院

병병　　　　　집원

病院(병원): 환자를 진찰하고 치료하는 곳.

획순 ` 一 广 广 广 疒 疒 病 病 病　　**부수** 疒

病 病 病 病 病

획순 ` 阝 阝 阝 阝 阝 阶 阶 陀 陀 院　　**부수** 阝

院 院 院 院 院

132

어휘력 病과 院이 포함된 단어는 또 무엇이 있을까요?

필 **발**

發 病

발병: 병이 남.

들 **입**

入 院

입원: 환자가 치료 받기 위해서 일정 기간 동안 병원에서 머무는 것.

病 院

약할 **약**

病 弱

병약: 병으로 인하여 몸이 허약하다.

배울 **학**

學 院

학원: 학교 설치 기준의 조건을 갖추지 않은 사립 교육 기관.

문해력 病과 院이 포함된 단어는 문장에서 어떻게 쓰일까요?

어제 동생이 장염으로 **病院**에 **入院**했다.

나는 부족한 공부를 보충하기 위해 **學院**을 다닌다.

한자 쓰기 연습				단어 쓰기 연습
區		別	▶	
구분할 구		나눌 별		구별
序		列	▶	
차례 서		벌일 렬(열)		서열
會		社	▶	
모일 회		모일 사		회사
書		店	▶	
글 서		가게 점		서점
商		業	▶	
장사 상		업 업		상업

한자 쓰기 연습				단어 쓰기 연습
到 이를 도		着 붙을 착	▶	도착
命 목숨 명		令 하여금 령(영)	▶	명령
窓 창 창		門 문 문	▶	창문
質 바탕 질		問 물을 문	▶	질문
病 병 병		院 집 원	▶	병원

문제 풀면서 복습

1 주어진 뜻과 음에 일치하는 한자를 찾아 알맞은 기호를 표시하세요.

가게 점 ◯

글 서 ☆

구분할 구 ☐

장사 상 ◇

물을 문 △

2 주어진 뜻과 한자를 연결하고 한자에 맞는 음을 쓰세요.

벌이다 •   • 序 ⇨

집 •   • 窓 ⇨

창 •   • 業 ⇨

차례 •   • 列 ⇨

업 •   • 院 ⇨

3 주어진 뜻과 어울리는 한자어에 O 표시하세요.

1) 무슨 일을 하거나 일이 이루어지는 차례.　　運命 / 秩序

2) 사람이나 사물이 가지고 있는 본래의 특성.　　愛着 / 性質

3) 시설을 갖춰 놓고 물건을 파는 가게.　　書堂 / 商店

4 다음 글을 읽고 주어진 한자가 각각 몇 번 나왔는지 그 횟수를 쓰세요.

나는 책을 사러 서점에 갔다.

서점에는 다양한 책이 분야별로 구분되어 있었다.

계산대에 가니 사람들이 계산을 하려고

질서 있게 순서를 기다렸다.

계산을 하고 근처 상점에 들러 쇼핑을 했다.

書 ⋯⋯ ◯
店 ⋯⋯ ◯
區 ⋯⋯ ◯
序 ⋯⋯ ◯
順 ⋯⋯ ◯
商 ⋯⋯ ◯

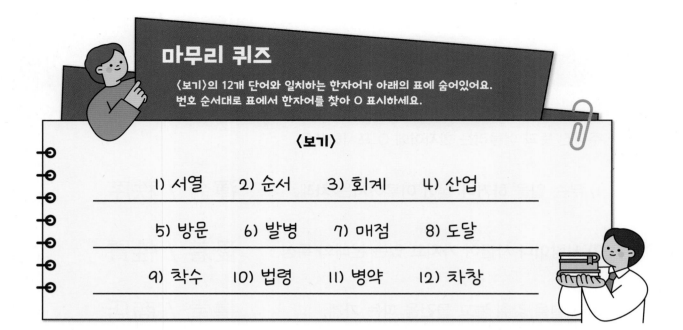

마무리 퀴즈

〈보기〉의 12개 단어와 일치하는 한자어가 아래의 표에 숨어있어요.
번호 순서대로 표에서 한자어를 찾아 O 표시하세요.

〈보기〉

1) 서열   2) 순서   3) 회계   4) 산업

5) 방문   6) 발병   7) 매점   8) 도달

9) 착수   10) 법령   11) 병약   12) 차창

業	手	質	病	賣	店
到	序	産	法	弱	會
計	達	差	着	令	順
發	訪	手	店	序	訪
病	車	門	産	列	問
會	計	窓	質	業	窓

51~60

이번 장에서 배울 내용입니다.
한자의 뜻과 음을 보고
단어의 의미를 유추해보세요.

基 터 기 / 本 근본 본

說 말씀 설 / 明 밝을 명

反 돌이킬 반/돌아올 반 / 對 대할 대

財 재물 재 / 産 낳을 산

日 날 일 / 記 기록할 기

光 빛 광 / 景 볕 경

規 법 규 / 則 법칙 칙

平 평평할 평 / 等 무리 등
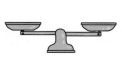

住 살 주 / 所 바 소

言 말씀 언 / 語 말씀 어

기본

基 本

터 기

근본 본

基本(기본): 사물이나 현상 등을 이루는 바탕.

| 획순 | 一 十 卄 廿 甘 苴 苴 其 其 基 基 | 부수 土 |

基 基 基 基 基

| 획순 | 一 十 才 木 本 | 부수 木 |

本 本 本 本 本

어휘력 基와 本이 포함된 단어는 또 무엇이 있을까요?

땅 **지**

基 地

기지: 군대, 탐험대 등의 활동 기점이 되는 곳.

뿌리 **근**

根 本

근본: 사물의 본질, 본바탕.

基 本

준할 **준**

基 準

기준: 기본이 되는 표준.

사람 **인**

本 人

본인: 어떤 일에 직접 관계가 있는 사람.

문해력 基와 本이 포함된 단어는 문장에서 어떻게 쓰일까요?

학업의 **基本**이 탄탄한 학생은 어려운 문제도 잘 풀 수 있다.

문제를 해결하기 위해서는 문제의 **根本** 원인을 알아야 한다.

光 景

 빛 광　　　　　별 경

光景(광경): 벌어진 일의 모양. 또는 눈에 보이는 자연의 모습.

획순 ｜ ｜ ｜ ⺌ 业 ⺍ 光　　**부수** 儿

光	光	光	光	光

획순 ｜ 冂 冃 日 旦 昦 景 景 景 景 景 景　　**부수** 日

景	景	景	景	景

142

어휘력 光과 景이 포함된 단어는 또 무엇이 있을까요?

밤 **야**
夜 光
야광: 어두운 곳에서 빛을
내는 것.

바람 **풍**
風 景
풍경: 자연이나
어떤 지역의 모습.

光 景

밝을 **명**
光 明
광명: 밝고 환함.

밤 **야**
夜 景
야경: 밤의 경치.

문해력 光과 景이 포함된 단어는 문장에서 어떻게 쓰일까요?

산봉우리가 온통 눈으로 덮인 **光景**은 장관이었다.

남산에 오르면 서울의 **夜景**을 한눈에 내려다볼 수 있다.

說 明

말씀 설 **밝을 명**

說明(설명): 어떤 일의 내용 등을 상대방이 잘 알 수 있도록 밝혀 말함.

획순 ` ﾕ ﾕ ﾕ ﾕ ﾕ 言 言 訪 訪 訪 訪 說 **부수** 言

說 | 說 | 說 | 說 | 說

획순 ｜ 冂 冂 日 日 明 明 明 **부수** 日

明 | 明 | 明 | 明 | 明

어휘력 說과 明이 포함된 단어는 또 무엇이 있을까요?

전할 **전**
傳 說
전설: 옛날부터 민간에서 전해 내려오는 이야기.

밝을 **랑(낭)**
明 朗
명랑: 유쾌하고 활발함.

說 明

가르칠 **교**
說 教
설교: 종교의 교리를 설명함. 또는 어떤 일의 관점이나 견해를 상대방이 수긍하도록 타일러서 가르침.

필 **발**
發 明
발명: 아직까지 없던 새로운 기술이나 물건 등을 만들어 냄.

문해력 說과 明이 포함된 단어는 문장에서 어떻게 쓰일까요?

선생님은 어려운 문제도 쉽게 **說明**해주신다.

에디슨은 전구를 **發明**하였다.

規則

법규　　　　　　　법칙 칙

規則(규칙): 여러 사람이 다 함께 지키기로 정한 법칙.

| 획순 | 一 二 ナ 夫 担 扣 刼 担 担 規 規 | 부수 | 見 |

| 規 | 規 | 規 | 規 | 規 |

| 획순 | 丨 冂 冂 月 目 貝 貝 則 則 | 부수 | 刂 |

| 則 | 則 | 則 | 則 | 則 |

어휘력 規와 則이 포함된 단어는 또 무엇이 있을까요?

새 **신**

新 規

신규: 새로이 하는 일.

아닐 **부(불)**

不 規 則

불규칙: 규칙이 없음.

規 則

정할 **정**

規 定

규정: 규칙으로 정함.

언덕 **원**/근원 **원**

原 則

원칙: 많은 경우에 일관되게 지켜야 하는 기본적인 규칙이나 법칙.

문해력 規와 則이 포함된 단어는 문장에서 어떻게 쓰일까요?

스포츠 경기는 **規則**을 알고 보면 더 재미있다.

통신사에서 **新規** 가입자에게 혜택을 주는 행사를 한다.

反 對

돌이킬 반/돌아올 반   대할 대

反對(반대): 서로 등지거나 맞섬.
또는 어떤 행동이나 견해에 맞서거나 거스름.

획순 一 厂 厅 反   **부수** 又

反	反	反	反	反

획순 ` ` ` ` ` ` ` ` ` ` ` ` 對 對   **부수** 寸

對	對	對	對	對

어휘력 反과 對가 포함된 단어는 또 무엇이 있을까요?

살필 **성**

反 省

반성: 자신의 언행에 대해 돌이켜 봄.

대답 **답**

對 答

대답: 부르는 말에 응하여 하는 말. 또는 상대가 묻는 것에 대한 해답.

反 對

회복할 **복**

反 復

반복: 같은 일을 되풀이 함.

서로 **상**

相 對

상대: 서로 마주 대함.

문해력 反과 對가 포함된 단어는 문장에서 어떻게 쓰일까요?

나는 장마철에 제주도로 가족 여행을 가는 것에 대해 **反對**했다.

그는 어른들의 조언을 흘려 듣고 같은 실수를 **反復**했다.

平 等

평평할 평   무리 등

平等(평등): 차별 없이 고르고 한결같음.

획순 ㄱ ノ 厂 厂 二 平   **부수** 干

平	平	平	平	平

획순 ノ 厂 ㅑ � 竹 竹 竹 竿 笙 笙 等 等   **부수** 竹

等	等	等	等	等

어휘력 平과 等이 포함된 단어는 또 무엇이 있을까요?

편안 **안**

平 安

평안: 걱정 없이 무사히 잘 있음.

한가지 **동**

同 等

동등: 등급(等級)이 같음.

平 等

공평할 **공**

公 平

공평: 어느 쪽으로도 치우치지 않고 고름.

한 **일**

一 等

일등: 첫 번째 순위나 등급.

* 等 앞에 一 이외에도 二(이), 三(삼), 四(사) 등을 붙여 등수를 나타낼 수 있습니다.

문해력 平과 等이 포함된 단어는 문장에서 어떻게 쓰일까요?

모든 국민은 법 앞에 <u>平等</u>하다.

나는 이번 시험에서 전교 <u>一等</u>을 했다.

57 재산

財 産

재물 재   낳을 산

財産(재산): 금전적 가치가 있는 자기 소유의 것.

획순 ㅣ 冂 冂 月 目 貝 貝 貝 財 財   **부수** 貝

財 財 財 財 財

획순 丶 亠 亠 立 立 产 产 产 产 産 産   **부수** 生

産 産 産 産 産

어휘력 財와 産이 포함된 단어는 또 무엇이 있을까요?

물건 **물**

財 物

재물: 돈이나 그 밖의
값나가는 모든 물건.

아닐 **부(불)** 움직일 **동**

不 動 産

부동산: 건물, 토지 등
움직여 옮길 수 없는 재산.

財 産

글월 **문** 될 **화**

文 化 財

문화재: 문화 활동에 의하여 창조된
가치가 뛰어난 사물.

날 **생**

生 産

생산: 인간이 생활하는 데
필요한 각종 물건을
만들어 냄.

문해력 財와 産이 포함된 단어는 문장에서 어떻게 쓰일까요?

그는 자신의 <u>財産</u> 일부를 사회에 기부했다.

국립중앙박물관에는 우리나라 <u>文化財</u>가 많이 보존되어 있다.

 주소

住 所

 살 주   바 소

住所(주소): 사람이 살고 있는 곳을 행정 구역으로 나타낸 것.

획순	ノ イ イ イ 亻 宀 住 住			부수 イ

住 | 住 | 住 | 住 | 住

획순	、 ᄀ ᄃ 户 户 所 所 所			부수 戶

所 | 所 | 所 | 所 | 所

어휘력 住와 所가 포함된 단어는 또 무엇이 있을까요?

집 **택**

住 宅

주택: 사람이 살 수 있도록
지은 건물.

있을 **재**

所 在

소재: 어떤 것을 만드는 데
바탕이 되는 재료.

住 所

언덕 **원**/근원 **원**　백성 **민**

原 住 民

원주민: 그 지역에 본래부터 살고 있는
사람들.

들을 **문**

所 聞

소문: 사람들 입에 오르내
리며 떠도는 말.

문해력 住와 所가 포함된 단어는 문장에서 어떻게 쓰일까요?

상품을 주문할 때 받는 분의 성함과 **住所**를 정확하게 적어 주세요.

전학생이 온다는 **所聞**은 순식간에 학교 전체에 퍼졌다.

59 일기

日 記

날 일 기록할 기

日記(일기): 그날그날 겪은 일이나 생각 등의 기록.

획순 丨 冂 月 日 **부수** 日

日	日	日	日	日

획순 丶 亠 亠 亠 言 言 言 訂 訂 記 **부수** 言

記	記	記	記	記

어휘력 日과 記가 포함된 단어는 또 무엇이 있을까요?

올 래(내)

來 日

내일: 오늘의 바로
다음 날.

일 사

記 事

기사: 신문이나 잡지 등에서
어떤 사실을 적은 글.

日 記

떳떳할 **상**/
항상 **상**

日 常

일상: 날마다, 늘.

붓 필

筆 記

필기: 글씨를 씀. 또는
수업 등을 할 때 그 말을
받아쓰는 일.

문해력 日과 記가 포함된 단어는 문장에서 어떻게 쓰일까요?

우리 반은 매일 <u>**日記**</u>를 쓰는 것이 숙제이다.

신문에는 요즘 한창 인기있는 연예인에 대한 <u>**記事**</u>가 쏟아져 나왔다.

言 語

말씀 언   말씀 어

言語(언어): 사람의 생각과 감정을 표현하고 전달하는 수단.

| 획순 | ` 一 亠 亖 言 言 言 | | | 부수 言 |

言	言	言	言	言

| 획순 | ` 一 亠 亖 言 言 言 訁 訂 訝 語 語 語 語 | | | 부수 言 |

語	語	語	語

어휘력 言과 語가 포함된 단어는 또 무엇이 있을까요?

가운데 **중**　있을 **유**　뼈 **골**

言 中 有 骨

언중유골: 말 속에 뼈가 있다는 말로,
말 속에 뜻이 있음을 의미함.

말씀 **어**

國 語

국어: 한 나라의 국민이
쓰는 말. 또는 우리나라의
언어(韓國語 한국어).

言 語

무거울 **중**　　다시 **부**

重 言 復 言

중언부언: 한 말을 되풀이 함.

아닐 **부(불)**　이룰 **성**　말씀 **설**

語 不 成 說

어불성설: 말이 이치에 맞지 않음.

문해력 言과 語가 포함된 단어는 문장에서 어떻게 쓰일까요?

선생님의 물음에 그는 **重言復言**하며 변명을 늘어놓았다.

내가 좋아하는 과목은 **國語**와 과학이다.

한자 쓰기 연습			단어 쓰기 연습
基		本	
터 기		근본 본	기본
光		景	
빛 광		볕 경	광경
說		明	
말씀 설		밝을 명	설명
規		則	
법 규		법칙 칙	규칙
反		對	
돌이킬 반/돌아올 반		대할 대	반대

한자 쓰기 연습				단어 쓰기 연습
平 평평할 평		等 무리 등	▶	평등
財 재물 재		産 낳을 산	▶	재산
住 살 주		所 바 소	▶	주소
日 날 일		記 기록할 기	▶	일기
言 말씀 언		語 말씀 어	▶	언어

문제 풀면서 복습

1 주어진 뜻과 음에 일치하는 한자를 찾아 알맞은 기호를 표시하세요.

근본 본 ○

볕 경 ☆

재물 재 □

말씀 설 ◇

법칙 칙 △

言　財
說　景
基　本
則　省

2 주어진 뜻과 한자를 연결하고 한자에 맞는 음을 쓰세요.

법 ·　　　· 語 ⇨

낳다 ·　　　· 等 ⇨

무리 ·　　　· 記 ⇨

기록하다 ·　　· 産 ⇨

말씀 ·　　　· 規 ⇨

3 주어진 뜻과 어울리는 한자어에 O 표시하세요.

1) 새로이 하는 일.

基地 / 新規

2) 신문이나 잡지 등에 서 어떤 사실을 적은 글.

記事 / 筆記

3) 옛날부터 민간에서 전해 내려오는 이야기.

傳說 / 說敎

4 다음 글을 읽고 주어진 한자가 각각 몇 번 나왔는지 그 횟수를 쓰세요.

D-1

내가 좋아하는 과목은 국어이고 싫어하는 과목은

수학이다.

수학 점수가 좋지 않아 반성하면서 선생님께

도움을 청했다.

선생님은 기본 원리를 설명해주시고 어려운 문제도

쉽게 설명해주셨다.

내일은 시험이다. 열심히 공부한 성과가 있으면 좋겠다.

語 ····· ◯

言 ····· ◯

省 ····· ◯

基 ····· ◯

說 ····· ◯

來 ····· ◯

마무리 퀴즈

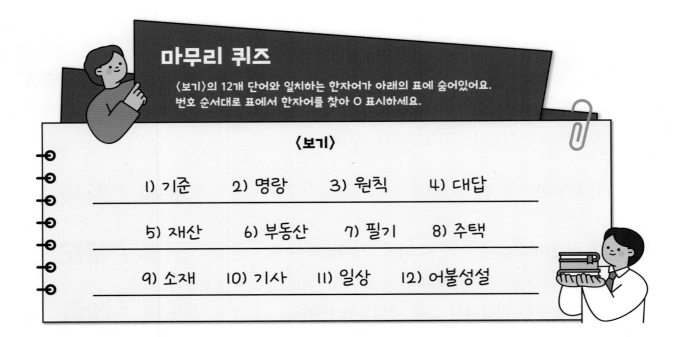

〈보기〉의 12개 단어와 일치하는 한자어가 아래의 표에 숨어있어요.
번호 순서대로 표에서 한자어를 찾아 O 표시하세요.

〈보기〉

1) 기준   2) 명랑   3) 원칙   4) 대답

5) 재산   6) 부동산   7) 필기   8) 주택

9) 소재   10) 기사   11) 일상   12) 어불성설

日	朗	基	筆	記	原
商	答	語	等	則	事
所	産	不	地	住	所
發	則	成	動	在	宅
明	財	說	財	産	對
說	朗	基	準	日	答

校	教	九	國	軍
학교 교	가르칠 교	아홉 구	나라 국	군사 군
金	南	女	年	大
쇠 금/성씨 김	남녘 남	여자 녀(여)	해 년(연)	클 대/큰 대
東	六	萬	母	木
동녘 동	여섯 륙(육)	일 만 만	어머니 모	나무 목
門	民	白	父	北
문 문	백성 민	흰 백/아뢸 백	아버지 부/아비 부	북녘 북, 달아날 배
四	山	三	生	西
넉 사	메 산	석 삼	날 생	서녘 서
先	小	水	室	十
먼저 선	작을 소	물 수	집 실	열 십
五	王	外	月	二
다섯 오	임금 왕	바깥 외	달 월	두 이
人	一	日	長	弟
사람 인	한 일	날 일	길 장/어른 장	아우 제
中	靑	寸	七	土
가운데 중	푸를 청	마디 촌	일곱 칠	흙 토
八	學	韓	兄	火
여덟 팔	배울 학	한국 한/나라 한	형 형	불 화

165

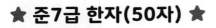

家	間	江	車	工
집 가	사이 간	강 강	수레 차, 수레 거	장인 공
空	氣	記	男	內
빌 공	기운 기	기록할 기	사내 남	안 내
農	答	道	動	力
농사 농	대답 답	길 도	움직일 동	힘 력(역)
立	每	名	物	方
설 립(입)	매양 매	이름 명	물건 물	모 방/본뜰 방
不	事	上	姓	世
아닐 부(불)	일 사	윗 상	성씨 성	인간 세/대 세
手	時	市	食	安
손 수	때 시	저자 시	밥 식/먹을 식	편안 안
午	右	子	自	場
낮 오	오른쪽 우	아들 자	스스로 자	마당 장
電	前	全	正	足
번개 전	앞 전	온전할 전	바를 정	발 족
左	直	平	下	漢
왼 좌	곧을 직	평평할 평	아래 하	한수 한/한나라 한
海	話	活	孝	後
바다 해	말씀 화	살 활	효도 효	뒤 후

歌	口	旗	同	洞
노래 **가**	입 **구**	기 **기**	한가지 **동**	골 **동**, 밝을 **통**
冬	登	來	老	里
겨울 **동**	오를 **등**	올 **래(내)**	늙을 **로(노)**	마을 **리(이)**
林	面	命	文	問
수풀 **림(임)**	낯 **면**	목숨 **명**	글월 **문**	물을 **문**
百	夫	算	色	夕
일백 **백**	지아비 **부**	셈 **산**	빛 **색**	저녁 **석**
少	所	數	植	心
적을 **소**	바 **소**	셈 **수**	심을 **식**	마음 **심**
語	然	有	育	邑
말씀 **어**	그럴 **연**	있을 **유**	기를 **육**	고을 **읍**
入	字	祖	住	主
들 **입**	글자 **자**	할아버지 **조**/조상 **조**	살 **주**	주인 **주**
重	紙	地	千	天
무거울 **중**	종이 **지**	땅 **지**	일천 **천**	하늘 **천**
川	草	村	秋	春
내 **천**	풀 **초**	마을 **촌**	가을 **추**	봄 **춘**
出	便	夏	花	休
날 **출**	편할 **편**, 똥오줌 **변**	여름 **하**	꽃 **화**	쉴 **휴**

초등 2 한자 마무리 테스트

[문제 1-20] 다음 밑줄 친 漢字語한자어의 讀音(독음: 읽는 소리)을 쓰세요.

〈보기〉 漢字 → 한자

[1] 校服을 입은 학생들이 학교에 갑니다.

[2] 선생님은 어려운 문제도 쉽게 說明해주십니다.

[3] 언니는 古典 문학을 좋아합니다.

[4] 우리 반은 식물원으로 現場 학습을 갔습니다.

[5] 머리가 아파 감기약을 먹었더니 效果가 있습니다.

[6] 선생님께서 出席을 부르십니다.

[7] 우리 담임 선생님은 國語를 가르칩니다.

[8] 모르는 문제가 있어 선생님께 質問을 했습니다.

[9] 수학을 열심히 공부했더니 실력이 向上되었습니다.

[10] 書店에는 다양한 책이 있습니다.

[11] 명절에 親族들이 모여 함께 식사를 합니다.

[12] 학생들이 기숙사에서 共同體 생활을 합니다.

[13] 동생은 미술에 才能이 있어 그림을 잘 그립니다.

[14] 학생들은 학교에서 敎育을 받습니다.

[15] 언니는 열심히 공부해서 원하는 대학에 合格했습니다.

[16] 동생이 감기에 걸려 病院에 갔습니다.

[17] 내 친구는 性格이 온화합니다.

[18] 동생은 원하는 선물을 받지 못해 失望했습니다.

[19] 時計가 고장이 났는지 시간이 맞지 않습니다.

[20] 동화는 행복한 結末로 끝났습니다.

[문제 21-38] 다음 漢字한자의 訓(훈: 뜻)과 音 (음: 소리)을 쓰세요.

〈보기〉〉漢 → 한나라 한

[21] 平

[22] 命

[23] 育

[24] 會

[25] 序

[26] 切

[27] 料

[28] 果

[29] 許

[30] 川

[31] 法

[32] 始

[33] 動

[34] 則

[35] 記

[36] 表

[37] 進

[38] 住

[문제 39-42] 다음 訓(훈: 뜻)과 音(음: 소리)에 맞는 漢字한자를 〈보기〉에서 골라 그 번호를 쓰세요.

〈보기〉
① 窓   ② 基   ③ 財   ④ 效

[39] 본받을 효

[40] 터 기

[41] 창 창

[42] 재물 재

[문제 43-44] 다음 밑줄 친 漢字語한자어를 〈보기〉에서 찾아 그 번호를 쓰세요.

〈보기〉
① 自然   ② 白色   ③ 遠景   ④ 原始

[43] 인간은 <u>자연</u>과 더불어 살아갑니다.

[44] 이 동굴 벽화는 <u>원시</u> 시대에 만들어졌습니다.

[문제 45-46] 다음 漢字한자의 상대 또는 반대되는 漢字한자를 〈보기〉에서 골라 그 번호를 쓰세요.

〈보기〉

① 地　　② 利　　③ 前　　④ 足

[45] (　　　　　) ↔ 後

[46] 天 ↔ (　　　　　)

[문제 47-48] 다음 뜻에 맞는 漢字語한자어를 〈보기〉에서 찾아 그 번호를 쓰세요.

〈보기〉

① 頭角　　② 結實　　③ 時期　　④ 首都

[47] 국가의 중앙정부가 있는 도시.

[48] 학식이나 재능이 뛰어남을 비유적으로 이르는 말.

[문제 49-50] 다음 漢字한자의 진하게 표시한 획은 몇 번째 쓰는지 〈보기〉에서 찾아 그 번호를 쓰세요.

① 첫 번째　　② 두 번째
③ 세 번째　　④ 네 번째
⑤ 다섯 번째　　⑥ 여섯 번째
⑦ 일곱 번째　　⑧ 여덟 번째
⑨ 아홉 번째　　⑩ 열 번째

[49]

[50]

정답 01~10

문제 풀면서 복습

01
아이 아 – 兒
본받을 효 – 效
도읍 도 – 都
기를 육 – 育
대신할 대 – 代

02
바람 – 風 풍
법 – 法 법
이루다 – 成 성
있다 – 在 재
물 – 河 하

03
1) 成功   2) 兒童   3) 風雨

04
現-1번   出-2번   席-1번
無-1번   教-1번   育-1번

우리는 오늘 현장(現場) 학습으로 식물
원에 갔다.
선생님께서 출석(出席)을 부르신 후 우
리는 버스를 타고 출발(出發)했다.
식물원은 산천에 있는 곳이었는데 입장
료가 무료(無料)였다.
식물원에는 다양한 교육(教育) 프로그
램이 있었다.

마무리 퀴즈

1) 풍차   2) 향상   3) 출석   4) 가입
5) 대리   6) 법원   7) 교육   8) 장단
9) 현장   10) 육아   11) 무효   12) 도시

문제 풀면서 복습

01
맺을 결 – 結
법도 도 – 度
허락할 허 – 許
옷 복 – 服
격식 격 – 格

02
따뜻하다 – 溫 온
합하다 – 合 합
옳다 – 可 가
함께 – 共 공
머리 – 頭 두

03
1) 合意   2) 開始   3) 性格

04
長-1번   歌-1번   許-1번
諾-1번   來-1번   年-1번

졸업식 때 교장(校長) 선생님께서 우리에게 졸업장을 나누어 주셨다.
우리는 모두 교가(校歌)를 제창하였다.
졸업식이 끝나고 부모님은 내가 친구와 노는 것을 허락(許諾)해 주셨다.
내년(來年)에는 내 동생이 초등학교를 졸업한다.

마무리 퀴즈

1) 공동체   2) 공익   3) 온실   4) 기온
5) 인과   6) 교통   7) 과실   8) 시작
9) 작곡   10) 두각   11) 선두   12) 통행

정답 21~30

문제 풀면서 복습

01
씨 종 – 種
이로울 리(이) – 利
놓을 방 – 放
근원 원 – 原
겨레 족 – 族

02
더하다 – 益 익
배우다 – 學 학
헤아리다 – 料 료(요)
세다 – 計 계
다르다 – 他 타

03
1) 信用   2) 要約   3) 各種

04
失–3번   手–2번   望–1번
放–2번   學–3번   心–1번

시험공부를 열심히 했지만 시험 때 실수
(失手)를 해서 점수가 잘 나오지 않았
다.
내가 실망(失望)하자 친구가 위로해주
었다.
방학(放學) 때 나는 학교(學校)에서 학
습(學習)이 필요한 과목의 보충수업을
들었다.
다음 시험에서 나는 방심(放心)하지 않
고 같은 실수(失手)를 반복하지 않았다.

마무리 퀴즈

1) 타산지석   2) 가격   3) 필승   4) 요약
5) 별종   6) 종자   7) 유익   8) 유구무언
9) 다다익선   10) 개방   11) 방학   12) 학습

문제 풀면서 복습

01

능할 능 – 能
그럴 연 – 然
나아갈 진 – 進
뜻 정 – 情
넓을 광 – 廣

02

멀다 – 遠 원
군사 – 軍 군
친하다 – 親 친
끊다 – 切 절
높다 – 高 고

03

1) 當然   2) 知識   3) 忠告

04

最-2번   族-1번   旅-1번
級-1번   信-1번   高-2번

> 나는 최근(最近)에 가족(家族) 여행(旅行)을 다녀왔다.
> 우리는 어느 고급(高級) 레스토랑에 갔다.
> 그곳의 요리사는 자신감(自信感)이 넘치는 표정이었다.
> 내가 주문한 스테이크는 여태까지 먹었던 것 중에 최고(最高)였다.

마무리 퀴즈

1) 자연   2) 자신감   3) 재능   4) 친절
5) 절실   6) 급행   7) 구급   8) 진로
9) 노선   10) 친구   11) 광고   12) 고급

정답 41~50

문제 풀면서 복습

01
가게 점 – 店
글 서 – 書
구분할 구 – 區
장사 상 – 商
물을 문 – 問

02
벌이다 – 列 렬(열)
집 – 院 원
창 – 窓 창
차례 – 序 서
업 – 業 업

03
1) 秩序   2) 性質   3) 商店

04
書-2번   店-3번   區-1번
序-2번   順-1번   商-1번

나는 책을 사러 서점(書店)에 갔다.
서점(書店)에는 다양한 책이 분야별로
구분(區分)되어 있었다.
계산대에 가니 사람들이 계산을 하려고
질서(秩序) 있게 순서(順序)를 기다렸
다.
계산을 하고 근처 상점(商店)에 들러 쇼
핑을 했다.

마무리 퀴즈

1) 서열   2) 순서   3) 회계   4) 산업
5) 방문   6) 발병   7) 매점   8) 도달
9) 착수   10) 법령   11) 병약   12) 차창

175

정답 51~60

문제 풀면서 복습

01
근본 본 – 本
볕 경 – 景
재물 재 – 財
말씀 설 – 說
법칙 칙 – 則

02
법 – 規 규
낳다 – 産 산
무리 – 等 등
기록하다 – 記 기
말씀 – 語 어

03
1) 新規   2) 記事   3) 傳說

04
語–1번   言–0번   省–1번
基–1번   說–2번   來–1번

내가 좋아하는 과목은 국어(國語)이고 싫어하는 과목은 수학이다.
수학 점수가 좋지 않아 반성(反省)하면서 선생님께 도움을 청했다.
선생님은 기본(基本) 원리를 설명(說明)해주시고 어려운 문제도 쉽게 설명(說明)해주셨다.
내일(來日)은 시험이다. 열심히 공부한 성과가 있으면 좋겠다.

마무리 퀴즈

1) 기준   2) 명랑   3) 원칙   4) 대답
5) 재산   6) 부동산   7) 필기   8) 주택
9) 소재   10) 기사   11) 일상   12) 어불성설

초등 2 한자 마무리 테스트

1 교복 2 설명 3 고전 4 현장 5 효과 6 출석 7 국어 8 질문 9 향상 10 서점 11 친족 12 공동체 13 재능 14 교육 15 합격 16 병원 17 성격 18 실망 19 시계 20 결말 21 평평할 평 22 목숨 명 23 기를 육 24 모일 회 25 차례 서 26 끊을 절 27 헤아릴 료(요) 28 실과 과 29 허락할 허 30 내 천 31 법 법 32 비로소 시 33 움직일 동 34 법칙 칙 35 기록할 기 36 겉 표 37 나아갈 진 38 살 주 39 ④ 40 ② 41 ① 42 ③ 43 ① 44 ④ 45 ③ 46 ① 47 ④ 48 ① 49 ⑤ 50 ⑧